AF590874

CATALOGUE
RAISONNÉ.

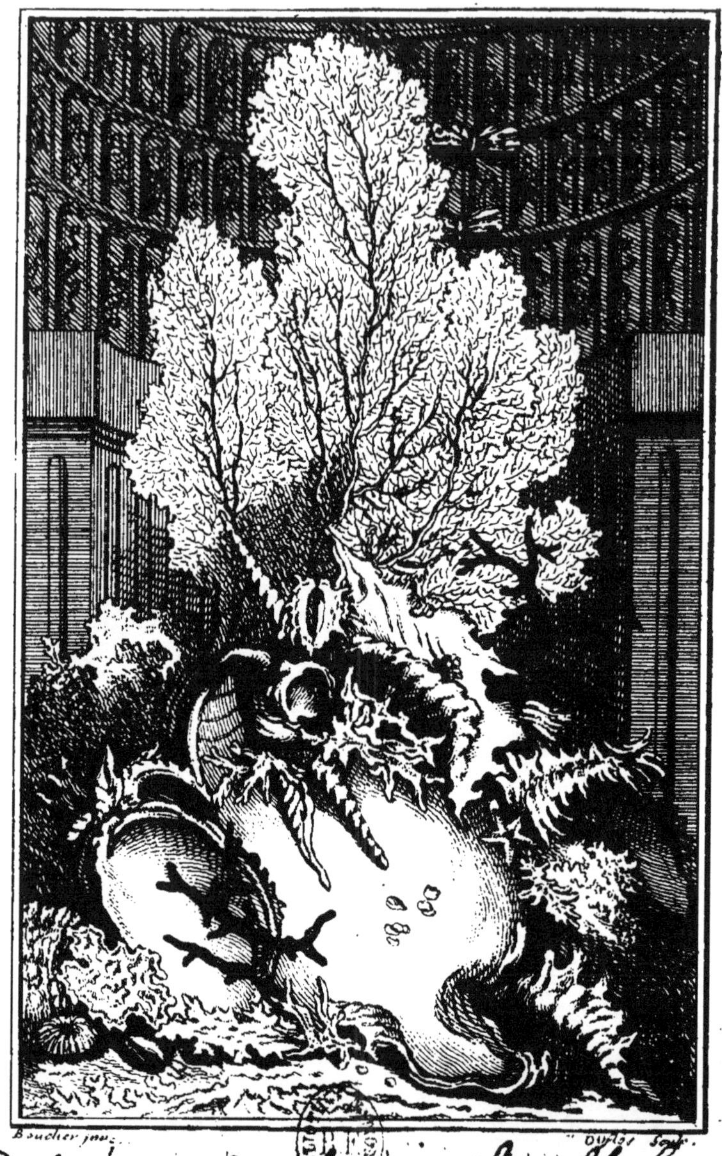

De la part de son très humble et
très obéissant serviteur Gersaint

CATALOGUE
RAISONNÉ
D'UNE COLLECTION

considérable de diverses Curiosités en tous Genres, contenuës dans les Cabinets de feu Monsieur BONNIER DE LA MOSSON, Bailly & Capitaine des Chasses de la Varenne des Thuilleries & ancien Colonel du Regiment Dauphin.

Par E. F. GERSAINT.

A PARIS,

Chez JAQUES BAROIS, Quay des Augustins, à la Ville de Nevers.
ET
PIERRE-GUILLAUME SIMON, Imprimeur du Parlement, au bas de la rue de la Harpe, à l'Hercule.

M. DCC. XLIV.

Avec Approbation & Privilege.

AVERTISSEMENT.

IL ne s'eſt point encore trouvé en France juſqu'à préſent, un Cabinet qui ait autant merité l'attention du Public, que celui que nous expoſons ici en vente. La varieté des objets qui en forment le fonds, la quantité des Morceaux de choix, la difficulté de pouvoir raſſembler tant de raretés, demandoient un Amateur auſſi ardent, & auſſi riche que feu Monſieur BONNIER DE LA MOSSON, pour pouvoir parvenir à l'exécution d'un projet auſſi vaſte, indépendamment du lieu que cela exigeoit, pour placer le tout avec ordre & avec avantage.

Cet Amas immenſe de diverſes Curioſités eſt aſſez connu dans

Paris, & même au-dehors, ſans que l'on ſoit obligé d'en faire ici un Eloge, qui n'apprendroit rien de nouveau à ceux qui ſeroient dans le cas d'en devoir être inſtruits. M. DE LA MOSSON a toujours procuré avec plaiſir la vûë & l'examen de ce qu'il poſſedoit, tant à nos Curieux qu'aux Etrangers; & c'étoit même l'obliger, que de venir s'amuſer avec lui dans ſes Cabinets. Il vouloit connoître tout ce qu'il achetoit, & il s'étoit fait un principe ſûr & avantageux dans l'intention de parvenir facilement à la connoiſſance de tout ce qu'il recherchoit: c'eſt pourquoi il réfuſoit ſouvent d'acquerir des ſuites toutes formées, afin de pouvoir ſe familiariſer petit-à-petit avec ſes Curioſités, en formant lui-même ces ſuites, morceaux à morceaux.

En effet, c'eſt le veritable chemin que doit ſuivre un Amateur, qui ne ſe contente pas ſeulement de joüir & de se récréer par la vûë de choses curieuses & agréables ; mais qui, voulant encore en tirer un avantage plus solide, cherche à se mettre en état de connoître leur nature, leurs differences, leurs especes, leurs proprietés & leurs usages. Il n'arrive que trop souvent qu'un Curieux, quand il se charge d'un Cabinet tout fait, ignore lui-même ce qu'il possede ; & qu'il parvient difficilement ensuite à cette connoissance, à cause de l'Etude particuliere qu'il se trouve alors obligé d'en faire, s'il veut se la procurer ; ce qu'il regarde ordinairement comme un travail : au lieu que quand il n'acquiert que par dégrés, il acquiert en même tems & sans peine, la connoissance de ce qu'il choisit.

Comme M. DE LA MOSSON ne trouvoit pas assez facilement à Paris à se procurer abondamment & avec choix les differentes parties qui faiſoient l'objet de ſa Curioſité, quoiqu'il allât ſouvent au-devant de tout ce que le hazard pouvoit lui offrir, il fit exprês deux voyages en Hollande, pour ſatisfaire ſes deſirs plus promptement, & il y acquit tout ce qu'il put trouver de beau & de ſingulier. C'eſt ce qui l'a aidé à pouſſer ces Curioſités à un ſi haut point.

Je ne donnerai ici qu'une idée ſuccinte & générale des differens Cabinets que ce Total compoſe; ce qui en même-tems expoſera l'ordre que j'ai ſuivi dans ce Catalogue, & dans lequel je n'ai preſque rien changé, celui qui y étoit établi s'étant trouvé très-ſatisfaiſant. Cette methode deviendra plus commode pour ceux qui ne les ayant vûs que legerement, voudront en prendre une connoiſſance plus exacte. C'eſt ce qui m'a fait prendre le parti de laiſſer preſque le tout dans le même état que je l'ai trouvé.

La diſpoſition que feu M. DE LA MOSSON avoit donné lui-même, & qui exiſtera juſqu'à la vente, conſiſte en neuf Cabinets de plain-pied. Chacun de ces Cabinets eſt conſacré à quelque genre particulier de ces differentes Curioſités, & aux choſes qui y ont quelque rapport. Elles y ſont arrangées dans un ordre capable de ſatisfaire également les yeux & l'eſprit. En voici la diſtribution :

1. Le Cabinet d'Anatomie.

2. Le Cabinet de Chymie, ou le Laboratoire.

3. Le Cabinet de Pharmacie, ou l'Apoticairerie.

4. Le Cabinet des Drogues.

5. Le Cabinet du Tour & des Outils propres à differens Arts.

6. Le premier Cabinet d'Hiſtoire naturelle, contenant les Animaux en Phiole dans une liqueur conſervative, avec quelques Mineraux.

7. Le deuxiéme Cabinet d'Hi-

ſtoire naturelle, qui renferme les animaux deſſéchez, les Papillons & autres Inſectes, les Plantes, les Mines, les Mineraux, &c.

8. Le Cabinet de Phiſique ou Cabinet des Machines avec pluſieurs Pieces d'Artillerie, & nombre d'autres morceaux qui ont rapport aux Mathematiques.

9. Le troiſiéme Cabinet d'Hiſtoire naturelle, contenant les Coquilles, l'Herbier, pluſieurs Volumes d'Eſtampes qui la plûpart ont rapport aux Coquilles, & à d'autres parties de l'Hiſtoire naturelle & de la Phiſique. Ce Cabinet eſt auſſi celui de la Bibliotheque.

Quoique chacun de ces Cabinets ſoit deſtiné en particulier à un ſeul genre, il s'y trouve cependant quelquefois pluſieurs pieces qui n'y ont aucun rapport. Mais comme la plus grande partie de ce qu'ils renferment, leur en a fait donner la dénomination, je n'ai rien voulu déranger. J'avertirai ſeulement, à la tête de chaque Cabinet, des differentes Curioſités qui s'y rencontrent, ce qui ſe trouvera plus amplement détaillé dans les Numeros.

Ces Cabinets ſont ornez par tout ce que l'Art a pù imaginer de mieux & de plus agréable. Le tout ſelon les attributs qui leur conviennent à chacun, ſuivant le genre des choſes qu'il contient. Rien n'y a été épargné; Propreté dans l'exécution du bois qui en forme les Armoires, ou Bureaux qui les renferment; Sculpture recherchée & délicate; Glaces; Deſſus de Portes: tout enfin concourt à faire un Enſemble qui étonne, & qui en même tems ſatisfait infiniment les yeux.

Ces Armoires ſeront venduës dans un jour particulier que l'on indiquera par des Affiches: méthode que l'on ſuivra pour les differentes choſes dont la vente ne pourra pas être désunie. On peut se servir de ces Armoires & Bureaux pour differens usages, & il y en a une sur tout, qui peut faire une des plus belles Bibliotheques qui soient connuës dans Paris. On trouvera leurs descriptions à leur rang.

Outre toutes ces Curiosités répanduës dans les Cabinets dont nous avons fait mention ci-dessus, il y a à leur suite, dans ce Catalogue, plusieurs autres morceaux interessans, sous le titre de diverses Curiosités meublantes dispersées tant dans les Cabinets que dans les Appartemens, comme Figures & autres Ornemens de Bronzes dorez & non dorez, Bustes de Marbres & autres pieces de ce genre; Porcelaines montées & non montées; Meubles curieux & de prix; Pendules singulieres; Bijoux, &c.

Je n'ai donc point cherché à entrer dans une connoissance exaête de la Nature ni de l'Historique de tous les Articles compris dans chaque numero; outre que cette entreprise auroit été sûrement au-dessus de mes forces, il auroit aussi fallu un tems considerable, pour en pouvoir seulement donner une ébauche, par rapport à la varieté des matieres & à la quantité des morceaux. Cependant j'ai fait ensorte de rendre ce Catalogue autant interessant que je l'ai pû, eû égard au tems que l'on m'a prescrit pour le faire. Et comme il y a dans cette collection plusieurs choses dont j'ai eû occasion de parler dans les Catalogues précedens, qui ont paru en 1736. 1737. & 1744. on pourra alors y avoir recours.

Je me suis attaché en particulier, dans celui-ci, à bien établir l'existence de certaines Pieces curieuses que l'on y trouve, & sur-tout dans les Machines, à bien y fixer leurs usages, leurs proprietés, leurs ſyſtêmes, & ce pourquoi elles ont été faites; & auſſi à donner le nom de leur Auteur, quand j'ai pû parvenir à en être éclairci.

J'ai crû en prenant cette route, pouvoir rendre de quelque utilité, pour l'avenir, ces ſortes de Catalogues qui paroiſſent n'être faits que pour procurer une vente plus facile; ce qui en effet doit en être le premier objet. Mais quoique le but que l'on s'y propoſe ordinairement ne ſoit que d'inſtruire le Curieux, pour qu'il puiſſe plus facilement ſe fixer ſur ce qui lui fait plaiſir: Néanmoins il en réſulte un ſecond avantage, qui eſt, qu'en donnant une connoiſſance préciſe de l'exiſtence de certains Morceaux que l'on ignoroit, cela peut aider par la ſuite, à reveiller les idées des Artiſtes & des Sçavans, qui peuvent en conſequence abandonner ou réformer un projet déja imaginé, & dont, ſans ces Catalogues, ils n'auroient eû aucune connoiſſance.

Outre cela, l'accueil favorable que les Curieux ont bien voulu faire à mon dernier Catalogue, & l'indulgence qu'ils veulent bien avoir pour les fautes qu'un Ouvrage de cette nature, toujours précipité, entraîne malgré ſoi avec lui, m'obligent, pour les ſatisfaire, à n'en point donner doreſnavant, ſans faire mes efforts, pour les rendre intereſſans, autant que la matiere pourra l'exiger, & que le tems me le permettra, en les accompagnant de Notes qui inſenſiblement pourront ſe ſervir de ſuites les unes aux autres, & par là, diminuer en partie la ſécheresse & l'ennui qui accompagnent ordinairement la deſcription des articles renfermez dans chaque Numero.

Je donnerai toute la facilité poſſible aux Curieux qui voudront examiner avec attention les morceaux ſur leſquels ils pourroient avoir des vûës, & cela, pendant les dix ou douze jours qui précedront la vente, ſous la condition, cependant, que l'on voudra bien m'avertir auparavant du jour & de l'heure que l'on choiſira, & que j'aurai ſoin de notter, pour m'y conformer exactement, afin d'éviter par ce moyen la trop grande multitude; ce qui autrement, feroit une confuſion qui deviendroit à charge, tant à ceux qui ont deſſein de voir les choſes avec tranquillité qu'à moi-même, qui me trouverois alors hors d'état de les pouvoir ſatisfaire tous.

Cette vente eſt commencée depuis quelques jours pour les meubles & autres uſtenciles de moindre conſequence; & dans les premiers jours du mois de Janvier prochain de l'année 1745. on expoſera les Tableaux, Bijoux, Diamans, Bronzes, Porcelaines, Meubles précieux & autres Effets de ce genre. A l'égard

gard des differentes Curiosités comprises dans les neuf Cabinets dont nous avons parlé ci-dessus, la vente en sera fixée au premier Lundi de Carême, 8. du mois de Mars de la même année 1745. afin que les Etrangers puissent avoir le tems d'être instruits de ce que renferment ces Cabinets; ce que l'on apprendra plus particulierement dans le tems, par les Affiches qui seront exposées. Toutes ces Curiosités seront mélangées dans le cours de cette vente, pour tâcher de satisfaire les differens goûts des Curieux qui pourront y venir : Il n'y a que les Volumes d'Estampes qui seront vendus dans un jour particulier que l'on choisira, & dont on aura le soin d'avertir pareillement par des Affiches.

APPROBATION.

J'AI lû par ordre de Monſieur le Chancelier, un Manuſcrit qui a pour titre : *Catalogue de Curioſités de divers genres renfermées dans le Cabinet de feu M. BONNIER DE LA MOSSON*; & j'ai crû qu'on pouvoit en permettre l'Impreſſion. A Paris le 24. Décembre 1744. Signé, MAUNOIR.

TABLE

Des differens Cabinets & des divers genres de Curiosités contenuës dans ce Catalogue.

Fin de la Table.

CATALOGUE

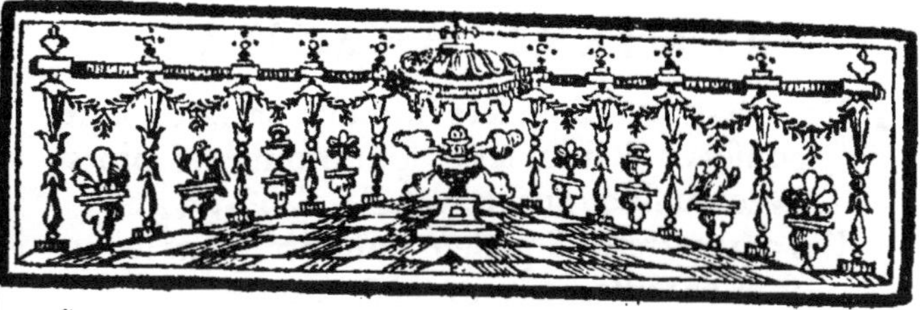

CATALOGUE

Des Curiosités de divers genres renfermées dans les Cabinets de feu Monsieur BONNIER DE LA MOSSON, selon l'ordre & l'arrangement qu'il leur avoit donné lui-même.

CABINET D'ANATOMIE.

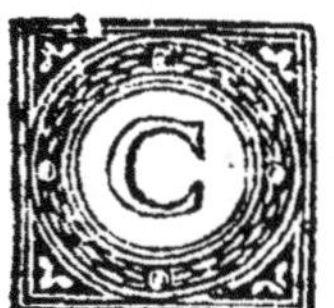

E Cabinet contient trois Armoires vitrées, dans lesquelles sont conservées des Squeletes humains de differens âges; plusieurs autres Squeletes d'animaux de diverses especes; quelques *Myologies* & *Angeiologies*; quelques beaux morceaux d'Anatomie en cire coloriée, en quelques Portraits en cire faits d'après nature.

PREMIERE ARMOIRE.

1 Un très-grand Squelete humain parfaitement conſervé, & dont les os ſont montez & joints avec du fil de laiton.

2 Un autre grand Squelete humain, dont les os ſont pareillement joints & montez avec du fil de laiton. Ce Squelete eſt fort ſingulier, en ce que l'épine du dos forme une double SS, & que les os des cuiſſes, des jambes, des bras, des mains & des pieds, ſont monſtrueuſement grands, & d'une diſproportion extraordinaire avec ceux du corps.

3 Un autre Squelete d'enfant, ayant toutes ſes dents, & dont les os ſont joints par leurs propres ligamens.

4 Un autre Squelete d'enfant pareil au précédent.

5 Une * *Myologie* & *Angeiologie* d'un corps humain entier, très-bien conſervée.

6 Un autre ſujet de corps humain, dont le côté droit eſt Squelete, & le côté gauche eſt *Myologie* & *Angeiologie*.

7 Deux petits Squeletes de *fœtus* humain.

Une *Myologie* de la cuiſſe & du pied d'un corps humain.

Une autre *Myologie* du pied d'un Ours.

8 Le Squelete d'une Loutre.

Le Squelete d'un chien de Mer.

9 Deux autres Squeletes d'animaux.

10 Le Squelete d'un Lievre.

Celui d'un Chat.

Celui d'un Peroquet.

Celui d'une Perdryx.

* La Myologie eſt la partie de l'Anatomie qui regarde les muſcles, & l'Angeiologie, celle qui regarde les vaiſſeaux du corps humain qui ſont les arteres, les veines & les vaiſſeaux limphatiques.

DEUXIE'ME ARMOIRE.

11 Le Squelete d'un Caſtor.
Celui d'un Aigle.

12 Un autre Squelete d'un Aigle.
Celui d'un Cigne.

13 Les Anatomies du Bourdon en ſept morceaux gravez & montez ſur toiles & gorges.

14 Trois morceaux d'Anatomie en cire coloriée.
La tête naturelle d'un jeune negre avec ſa peau.

15 Quatre Buſtes en cire, faits d'après nature, dont il y en a trois de femmes & un d'homme.

16 Un Buſte d'Anatomie en cire coloriée avec toutes les parties interieures de la tête très-détaillées. Morceau précieux & de conſequence, très-fini & fait avec beaucoup de préciſion. Il donne l'Anatomie exacte du cerveau, & il en fait voir toutes les parties internes, par des pieces qui ſe détachent du dedans, les unes après les autres.

TROISIE'ME ARMOIRE.

17 Un Tableau peint ſur toile, repréſentant une *Myologie* d'une face humaine, dans une bordure de bois uni doré.

18 Un très-beau morceau d'Anatomie en cire coloriée qui donne toutes les parties, tant interieures qu'exterieures d'un côté de la tête. Piece ſinguliere & très-bien faite.

19 Un autre beau morceau d'Anatomie en cire coloriée, repréſentant un cerveau dans ſon crane, dont les differentes pieces ſe deſaſſemblent; il eſt parfaitement bien fini.

L'Os appellé le * *Femur*, aussi exécuté parfaitement en cire coloriée ; il s'ouvre en deux pour en faire voir la moëlle.

20 Deux autres morceaux curieux d'Anatomie, en cire coloriée, représentant les parties de la génération de l'homme & celles de la femme. Ils sont faits avec exactitude, & placez chacun en situation, dans leur bassin.

21 Un autre morceau aussi exécuté en cire coloriée & représentant pareillement les parties de la génération de l'homme, mais vûes d'une maniere differente pour l'interieur de certaines parties, que dans le précédent : il est travaillé avec la même exactitude, & les parties sont placées aussi en situation, dans leur bassin.

22 Deux autres beaux morceaux d'Anatomie ** injectez, qui représentent également les parties de la génération des deux sexes.

23 Deux *Balanus* placez chacun dans une phiolle remplie d'esprit de vin ; l'un est naturel & garni de son *Scrotum*, & l'autre est factice.

24 Douze Squeletes de differens animaux comme, Aigles, Perdrix, Becasses, &c.

25 Une tête de Momie.

Quatre arrieres faix, dont un entr'autres est avec deux cordons servans pour deux enfans.

Une peau naturelle & dessechée d'une tête humaine.

Plusieurs autres morceaux séparez d'Anatomie, &c.

* C'est l'os de la Cuisse.

** Les Anatomistes font des injections par le secours d'une seringue, avec differentes liqueurs coloriées qu'ils font entrer dans les veines & dans les arteres, pour les mieux faire apercevoir.

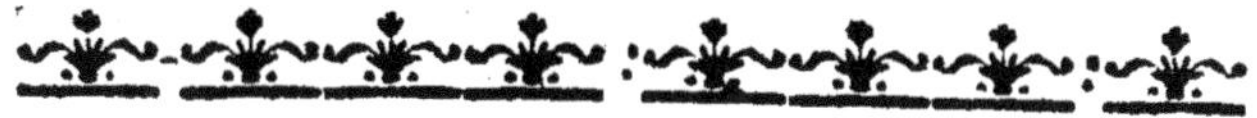

CABINET DE CHIMIE
ou Laboratoire.

Ce Cabinet renferme des fourneaux, plusieurs Mortiers, differentes sortes de Bain-Marie, des Alambics & des Cucurbites, tant de cristal que d'étain; plusieurs beaux & grands Balons aussi de cristal, des spatules de toutes grandeurs, & enfin les ustenciles nécessaires & propres à la distilation & aux autres operations de la Chimie, avec quelques verres curieux de cristal d'Angleterre.

26 Un Mortier de fer fondu avec son pilon de bois de Gayac, monté sur un pied de bois peint.

Un autre Mortier de fer, mais félé, avec son pilon aussi de fer.

Un autre Mortier & Pilon, le tout de verre.

27 Un Mortier de marbre blanc de moyenne grandeur avec son pilon de bois d'olivier, monté sur un pied de bois peint.

28 Un autre grand Mortier de bronze avec un Pilon de fer, monté sur un pied de bois peint.

29 Un Fourneau à lampe de toile peinte en rouge, garni de sa lampe avec sa cucurbite d'étain renfermée dans un bain-marie de fer blanc aussi peint, & couvert de

ſon chapiteau de verre & réfrigerent, garni auſſi de ſon bain de ſable.

30 Un autre Fourneau pareil au précédent, mais plus proprement fini, garni des mêmes pieces, & ayant de plus un petit guéridon à vis propre à porter ſon récipient.

31 Un grand Alambic de cuivre rouge étamé, composé de ſa cucurbite & de ſon réfrigerent à colone.

32 Un autre Alambic de même forme & matiere que le précédent.

33 Un autre Alambic plus petit, mais auſſi de même forme & matiere.

34 Un autre grand Alambic composé d'une cucurbite d'étain, avec ſa tête auſſi d'étain & garni de ſon bain-marie & de ſon réfrigerent de cuivre rouge.

35 Une Cuve de cuivre rouge ayant pluſieurs ouvertures de differentes grandeurs, propres à recevoir divers vaiſſeaux plus ou moins grands, & ſervant auſſi de bain de vapeur.

36 Deux colones * d'*Athanor* de cuivre rouge, d'environ quatre pieds de haut ſur ſix pouces de diametre, garnies de leurs couvercles de cuivre jaune. Ces deux colones peuvent s'enlever & ſe placer où bon ſemblera.

37 Toutes les dépendances d'un grand Fourneau très artiſtement fabriqué, & propre aux differentes operations de Chimie. Il a cinq foyers garnis chacun de leurs por-

* On appelle *Athanor*, en terme de Chimie, un grand fourneau immobile, qui a une tour au milieu, dans laquelle on met le charbon, & qui par des ouvertures qui ſont aux côtés du foyer communique ſa chaleur à pluſieurs vaiſſeaux, pour faciliter differentes operations en même tems.

tes de cuivre rouge, leurs grilles & bain de ſable auſſi de cuivre rouge, & autres uſtenciles qui pourront être démolis pour s'établir où l'on ſouhaitera, & en conſtruire un fourneau dans les mêmes proportions.

38 Trois petites Baſſines d'étain à couler.

39 Deux Cornuës de grès.
Deux Tamis.
Un Cribe.

40 Une Poële de cuivre rouge.
Un Poëlon de même métal.

41 Quatre Cucurbites de terre verniſſée.
Une Chauſſe de drap.
Quatre Carelets propres à attacher un linge ou autre étoffe pour paſſer des liqueurs.
Quatre Caffetieres.

42 Un Couteau.
Quelques Goupillons.
Pluſieurs Creuſets & autres choſes de peu de valeur.

43 Un Coffre de bois peint, à quatre tiroirs propres à renfermer differens uſtenciles de Chimie.

44 L'attirail d'un Fourneau de Chimie, conſiſtant en deux Tiſonniers, une Pelle, une Tenaille, le tout de fer poli; deux petites Cuillieres de fer; un Rechaut & un Souflet à double vent.

45 Trois Gueridons de bois noirci, propres à porter des Recipiens, dont un eſt ſans ſa Cuvete: ils ſont garnis de vis pour les pouvoir baiſſer ou hauſſer à volonté.
Pluſieurs Valets ou Bourlets à Vaſes, ſervant à les placer commodément & ſans riſque.

46 Une petite Table quarrée de marbre noir propre à broyer; elle eſt enchaſſée dans du bois,

& placée sur un pied, aussi de bois, & garnie de sa molete de marbre.

47 Six differentes mesures depuis la Pinte jusqu'à la plus petite mesure, avec un Entonnoir, le tout d'étain fin.

48 Une Lampe d'émailleur garnie de son Souflet à pied, & montée sur un pied de bois peint en rouge; le tout très-proprement travaillé.

49 Une Spatule d'argent, pesant trois onces deux gros.

50 Une autre Spatule d'argent, pesant deux onces sept gros & demi.

51 Cinq Spatules de fer poli de differentes grandeurs.

Trois autres Spatules d'yvoir, aussi de differentes grandeurs.

52 Vingt-six pieces de Cristal & deux autres de verre commun, qui seront détaillées au gré des Encherisseurs, sçavoir :

Quatre grandes & deux moyennes Cucurbites.

Dix Matras & Recipiens de differentes grandeurs.

Trois Vaisseaux faits en cloches, de differentes formes.

Deux autres Vaisseaux en forme de Poire.

Un autre Vaisseau circulatoire.

Deux Chapitaux aveugles.

Deux Cornuës.

Deux autres Cornuës de verre commun.

53 Dix-neuf autres pieces, dont treize sont de cristal, & six sont de verre commun, qui seront pareillement détaillées, sçavoir:

Un Ballon à deux embouchures.

Cinq Cucurbites moyennes & petites avec leurs chapiteaux.

Quatre petits Recipiens.

Un autre grand Vaisseau.

Deux Chapieaux.

Cinq Cornuës de differentes grandeurs & de verre commun.

Un Chapiteau de même verre.

54 Vingt-six pieces, tant de cristal que de verre blanc, & trois autres de cristal d'Angleterre, qui seront pareillement détaillées, sçavoir :

Un Ballon à deux embouchures.

Sept Recipiens de differentes grandeurs.

Trois Cornuës.

Une Cloche.

Deux Couvercles.

Quatre Entonnoirs.

Trois petites Cucurbites garnies de leurs chapiteaux.

Quatre très-grandes Bouteilles à fond plat.

Un Alambic tubulé d'une seule piece.

Deux Cucurbites à chapiteaux tubulez, de cristal d'Angleterre, avec leurs bouchons, le tout ajusté.

Une Cornuë avec son Recipient, de cristal d'Angleterre, & ajustée comme les précédentes.

55 Deux des plus beaux & des plus grands Ballons de cristal.

56 Deux Vases couverts, de cristal d'Angleterre, & taillez a facetes, tant sur le dessus du Vase que sur le Vase même.

Deux Burettes de même cristal, avec leurs bouchons ajustez.

57 Une Garniture de cinq petits Vases de cristal de differentes formes, dont trois sont couverts.

58 Huit Vaisseaux de cristal faits en jatte & propres aux évaporations.

59 Quatorze morceaux tant de cristal que de verre blanc, de differentes formes & gran-

deurs, & propres à differens uſages, tant Vaſes que Soucoupes, &c.

60 Un petit Corps de ſept Tablettes & ſept autres grandes Tablettes, diſpoſées pour recevoir par des ouvertures les differens Vaſes propres à la Chimie; le tout de bois peint en façon de marbre, & très-proprement travaillé.

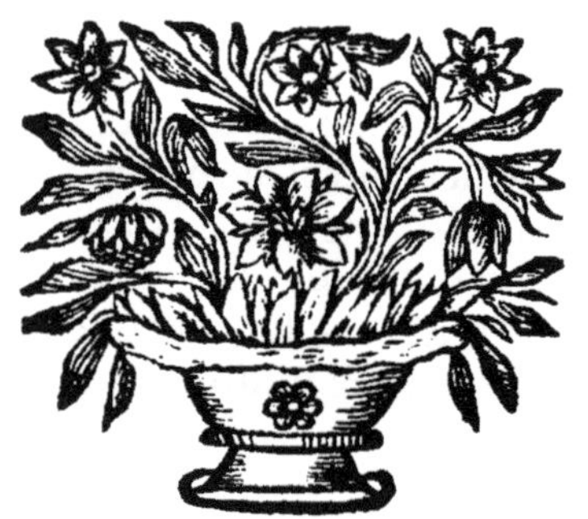

CABINET DE PHARMACIE
ou *Apoticairerie.*

COmme ce Cabinet n'a été achevé que peu de tems avant la mort de feu M. de la Mosson, il ne se trouve pas aussi rempli d'excellentes drogues, qu'il auroit pû l'être par la suite, quoiqu'il y en ait plusieurs de fort bonnes : il contient donc une quantité de Vases de fayance de differentes formes & grandeurs, & faits exprès pour les placer ; plusieurs bouteilles grandes & petites, dans lesquelles il se trouve toutes sortes d'eaux simples & composées, Elixirs, Beaumes, &c. Plusieurs drogues dispersées dans les tiroirs qui entourent l'Apoticairerie, ainsi que les ustenciles convenables à cette partie, comme Balances, Mortiers & autres, avec deux Nécessaires en argent pour les dents, ce qui sera détaillé suivant la distribution ci-après énoncée.

61 Quarante-huit pots de Fayance de differentes formes & grandeurs, entre lesquels il y en a trente vuides, & dans les dix-huit autres, il s'y trouve plusieurs drogues, comme Onguents, Terebenthine, &c.

Un petit corps de Tablettes à seize cazes, dans lequel il se trouve differens Onguents, comme Onguent Divin, de Nuremberg, de *Diachylon*, &c.

61 Une quantité de differentes drogues, Sels, Gommes, Racines, Poudres & autres, comme *Scammonée* d'Alep, *Jalap*, *Ippecacuanha*, Gomme *Elemi*, Sang de Bouquetin, Racine de *Pareira-Brava*, *Contrayerva*, *Coſtus Corticoſus*, Sel *Armoniac*, *Dictame* de Crete, *Quinquina*, &c. Le tout diſtribué ſuivant les étiquetes de chaque tiroir, dans leſquels ces drogues ſont placées.

62 Cent douze Poudriers de verre blanc, garnis de leurs couvercles de cuivre, dans la plûpart deſquels il y a differens Sels, Poudres, & autres drogues, Liqueurs & Baumes ſuivant les étiquetes placées ſur chacun de ces Poudriers.

63 Quarante-huit grands Flacons de Criſtal garnis de leurs bouchons, & parmi leſquels il s'en trouve dix qui ſont en partie pleins de differentes Liqueurs ſpiritueuſes, comme Eſprit-de-Vin, de Nitre, de Vinaigre, & autres.

64 Quarante-huit autres Flacons de moyenne grandeur avec bouchons, le tout de Criſtal, & parmi leſquels il y en a environ un tiers où il ſe trouve pluſieurs differentes liqueurs, ſuivant les étiquetes placées ſur ces Flacons.

65 Cent ſoixante Pots de fayance tous étiquetez, tant chevretes pour les Syrops, que canons de differentes grandeurs pour les Electuaires, Onguents & extraits avec leurs couvercles; ce qui forme un aſſortiment pour une Apoticairerie.

66 Six groſſes Bouteilles de Criſtal, dans quelques-unes deſquelles il ſe trouve de l'Eau-de-Vie.

67 Vingt-

67 Vingt-ſept autres groſſes Bouteilles de pareil criſtal que les précedentes.

68 Vingt-huit petites Boëtes de bois, couvertes de papier marbré, entre leſquelles il s'en trouve ſeize de vuides, & les douze autres ſont remplies en partie de diverſes drogues ou racines propres à la Pharmacie, comme Camphre, Geroſle, Benjoin, Borax, Ambregris, Muſc, &c. le tout ayant rapport aux étiquetes placées ſur leſdites Boëtes.

69 Seize Flacons, tant de criſtal que de verre blanc de differentes formes & grandeurs, contenant pluſieurs liqueurs compoſées & Elixirs, comme Beaume du Perou, Huile de Camphre, Huile Narwale, Elixir de *Garrus* blanc, Mercure purifié, Baume de *Fioraventi* & autres, ſuivant les étiquetes de chaque Flacon.

70 Trente-un tant Flacons que Bocaux vuides, de differentes formes & grandeurs, la plûpart de criſtal d'Angleterre.

71 Six grands Flacons de criſtal d'Angleterre preſque remplis de differentes liqueurs ſpiritueuſes, comme Eau d'Oeillet, Lait Virginal, Baume de *Fioraventi*, Elixir de *Garrus*, Diſſolvant univerſel & Eau de Cordou, tous étiquetez ſuivant les liqueurs qu'ils contiennent.

72 Sept autres grands Flacons vuides de même criſtal d'Angleterre.

Trois autres, *idem*, de moyenne grandeur.

73 Dix-ſept autres Flacons de moyenne & égale grandeur, tous de criſtal d'Angleterre, dans neuf deſquels il ſe trouve differens Elixirs, Cachou compoſé, &c. le tout ſuivant les étiquetes placées ſur ces Flacons.

74 Seize autres Flacons de même criſtal d'Angleterre, dont treize ſont de même forme & grandeur que les précedens, & trois ſont petits, dans tous leſquels il y a differentes Eaux de ſenteur, Baumes & Huiles; comme Eau des Sultanes, Baume Inconnu, Eau Magiſtrale, Huile d'*Avara*, de *Carapa*, Huile pour les hemorroïdes, &c. le tout ſuivant leurs étiquetes.

75 Vingt autres Flacons vuides de même criſtal, dont il y en a onze moyens, & neuf petits.

76 Vingt-deux petits Flacons de differentes formes & grandeurs de pareil criſtal d'Angleterre, dans chacun deſquels il ſe trouve differentes Huiles, Eſſences & Eaux, dont entr'autres, de l'huile animale & de Gayac, de l'eſſence d'Ambre & de Thin, de la Poudre d'or rouge de l'Abbé Pichon, du Baume de la Meque, &c. ſuivant les étiquetes de chaque Flacon.

77 Trente-trois autres petits Flacons vuides de même criſtal, forme & grandeur.

78 Huit Bouteilles d'Eau-de-Vie de Lavande rouge.

79 Six Bouteilles d'Eau-de-Vie de Lavande de la Magdelaine de Trenel.

80 Six autres Bouteilles d'Eau-de-Vie de Lavande de la Magdeleine de Trenel.

81 Six autres Bouteilles dit.

82 Six Bouteilles d'Eau-de-Vie de Lavande d'Angleterre plus petites que les précédentes.

83 Sept autres Bouteilles. *Idem.*

84 Deux grandes Bouteilles de criſtal d'Angleterre.

Deux grands Flacons de même criſtal.

Deux Vaſes auſſi de criſtal fermant à vis.

85 Quatorze Flacons de criſtal d'Angleterre de differentes formes & grandeurs, dans leſquels il ſe trouve pluſieurs Eaux, comme Eau de Miel, Eau de Chypre, Eau Inconnuë, & autres.

86 Vingt-deux Bouteilles ordinaires tant grandes que petites, remplies en partie de differentes Eaux & Liqueurs.

Deux Entonnoirs de criſtal d'Angleterre.

Un autre Entonnoir d'étain fin.

87 Trente-huit Bocaux de verre de differentes grandeurs, dont douze ſont vuides, & les vingt-cinq autres ſont garnis de pluſieurs Pillules & eſſais de drogues ſimples des Indes, propres à la guériſon de certains maux & maladies.

88 Un Néceſſaire pour les dents placé dans une boëte couverte de peau de chien, garni en argent, & renfermant dans divers compartimens de velours deux petites Boëtes à pâte d'argent ; quatre petits Flacons de criſtal ; les inſtrumens néceſſaires pour le nettoyement des dents, très-proprement faits & garnis d'argent, avec un petit miroir.

89 Un autre petit Néceſſaire garni de deux Flacons de criſtal ; d'une Boëte à pomade d'argent ; d'un Etui à curedents ; de deux autres petites Boëtes d'argent propres à mettre les poudres pour nettoyer les dents : le tout renfermé par compartimens dans une Boëte couverte de chagrin & garnie en argent.

90 Des Balances de cuivre jaune, acrochées à un Palmier de bois de chêne très-bien ſculpté.

91 Une autre paire de Balances pareilles aux précédentes.

92 Des Balances à Platteaux d'argent avec un

Fleau de fer poli, & un poids d'un marc aussi d'argent, le tout renfermé dans un étui de chagrin avec compartimens de velours, & très-proprement travaillé.

93 Deux petits Mortiers de métal avec leurs pilons de potin.

94 Un petit Corps de Commode de bois violet très proprement fait, avec tiroirs sur le devant & guichets sur les côtés, & propres à serrer plusieurs drogues ou autres petites ustenciles.

95 Un autre grand Corps de Tiroirs de bois de chêne, aussi très-proprement travaillé & sculpté, & portant un dessus de marbre porte or de cinq pieds & demi de long : cette piece peut faire un très-beau Coquillier.

96 Deux bas d'Armoire composez de six guichets chacun, garnis de fil de laiton & de taffetas verd, au-dessus desquels s'élevent plusieurs corps de Tiroirs, formant en tout soixante & six tiroirs étiquetez, & entre lesquels sont placées cent quarante-quatre Cellules propres à recevoir les Vases convenables à la Pharmacie, le tout de bois de chêne très-proprement travaillé. Deux corps de Tablettes propres aussi à recevoir differens Vases, Phioles ou Bocaux, fermant chacun avec deux portes à tringles de fer bronzé garnies de fil de laiton, avec un lambris ceintré d'environ sept pieds de large, portant des gradins dans le haut, ce qui forme une petite Apoticairerie convenable à quelques Maisons Religieuses ou Communautés.

*96 Une Boüilloire en Bain-Marie portant son Réchaut avec cheminée & garnie d'une pincette, le tout de cuivre rouge & monté sur un pied de bois.

CABINET DES DROGUES.

Droguier.

97 CE Cabinet qui est fort petit ne contient autre chose que le Droguier, composé de près de huit cens Bocaux de verre, dont le plus grand nombre est étiqueté, & parmi lesquels il y en a plus de six cens remplis en partie de differens Sels, Bois, Fruits, Racines, Gommes, Couleurs, Cristaux, Mines, Mineraux, Pierres, Cailloux, Terres, Corraux, Talcs, Souffres, Bithumes, Ambres, Pierres fines, brutes & autres ingrediens propres & convenables à ce genre de curiosité, à laquelle collection on donne ordinairement le nom de Droguier. Le tout est placé suivant les étiquetes collées sur chaque Bocal, ce qui sera vendu en totalité, rien ne pouvant en être distrait sans en diminuer le mérite. On y joindra l'Armoire vitrée qui les renferme, & qui consiste en une devanture à quatre portes de face, avec quatre tiroirs au-dessous, & deux autres plus petites portes en retour avec deux tiroirs dans le bas, ce qui forme en totalité, y compris la corniche & la plainte, près de neuf pieds de face, & trois pieds dix pouces de retour, sur neuf pieds de haut. Ladite Armoire contenant tant en face qu'en retour quatre-vingt-onze petites Tablettes, sur lesquel-

les ſont placez les Bocaux, le tout de bois de chêne verni & proprement travaillé.

Quatotze grands Bocaux de verre blanc vuides, avec une peau de Loutre, qui ſe ſont trouvez dans les tiroirs du Droguier.

CABINET DU TOUR.

CE Cabinet est un des plus attrayans pour ceux qui aiment à s'amuser à construire eux-mêmes differens Ouvrages ; il ne comprend pas seulement un Tour à guillocher, garni de toutes ses dépendances, ce qui en forme un des plus beaux qui soient connus, & dont nous donnerons ci-après la description, ainsi que des Outils qui ont rapport à un Tour entre deux pointes, tous extrêmement finis & montez avec une propreté extraordinaire ; mais aussi les Outils convenables, tant à la Menuiserie, à l'Ebenisterie & à l'Horlogerie, qu'à plusieurs autres Arts, & les Etablis nécessaires pour opérer. On trouve outre cela dans ce Cabinet plusieurs Chefs-d'œuvres de Tour en bois & en yvoire, & quelques autres curiosités à-peu-près du même genre, avec une jolie Boëte qui renferme les Ustenciles propres à la Peinture, la plûpart faits en argent ; ce qui sera détaillé suivant les numeros ci-après énoncez.

98 Un magnifique Tour à guillocher, d'une excellente construction, fait avec grande

ſolidité & propreté, & parfaitement bien monté; il eſt compoſé de deux rouës de cuivre, une grande & une petite, qui ſont placées ſur deux belles conſoles de même mêtal, ayant ſa cage auſſi de cuivre, avec petites plates bandes relevées proprement à contours & d'une forme agréable; ce Tour porte ſon arbre ſimple garni de ſeize rozettes à contours de fer poli, avec ſeize autres pieces à couronne de cuivre pour placer au bout de l'arbre, le tout ſervant à divers Guillochis. Comme ce Tour ne porte point d'arbre à canon, il ſe trouve un mandrin particulier que l'on joint à ſon arbre, & qui a les mêmes proprietés que l'arbre à canon. Plus, dix autres Mandrins de cuivre de differentes grandeurs, & taraudez pour pouvoir s'ajuſter ſur le bout de l'arbre, & ſervant à dégroſſir les pieces. Quatre pas de Vis de cuivre, auſſi de differentes grandeurs, qui s'ajuſtent ſur l'arbre en place des pieces à couronne, pour pouvoir tailler des pas de Vis, avec un petit regiſtre convenable à ces pieces; un Mandrin à l'Angloiſe pour les ovales en très-bon état & garni de ſa piece à couliſſe : un autre Mandrin de cuivre, très-compoſé & d'une conſtruction ſinguliere & unique, dont l'uſage eſt de tailler differens Guillochis ſur les deſſus des boëtes; il eſt fourni des pieces qui lui ſont néceſſaires pour operer. Neuf Clefs de fer, de differentes grandeurs : deux Tarrieres & un Tarreau, tous trois à manche de bois d'Amarante, & propres à tarauder les Mandrins de bois, &c. Ce Tour fait un morceau de conſequence qui peut ſatisfaire les plus difficiles en ce genre.

Un petit corps de huit Tiroirs de bois de chêne, dans leſquels il y a quarante-neuf outils d'acier fin, dont quarante ſont pour former les differentes moulures & filets ; les huit autres ſont des plates bandes, des grains d'orge, des outils bombés, tous propres à ſe loger dans le ſupport du Tour pour operer : la quarante-neuviéme piece eſt un Mandrin propre à conſtruire des outils neufs de Tour. Plus, huit petites Boëtes remplies de differentes drogues pour polir les ouvrages, & autres bagatelles de peu de valeur.

99 Une très-belle Machine propre à éguiſer & polir les outils, garnie de ſon mandrin & jumelles de cuivre avec collet d'étain & autres rouës néceſſaires à ſon uſage, montée ſur un établi de bois de noyer proprement fait, ayant ſa grande rouë ainſi que ſa pedale attachée ſur deux pieds de fer garnis de leurs collets à couliſſe, ainſi que de leur cremaillere & cri propres à élever cette rouë ſuivant le beſoin ; les deux pates de ces pieds ſont faites de façon à pouvoir s'attacher avec des vis ſur un plancher parqueté ; l'Etabli qui porte cette Machine peut ſervir également à placer differentes poupées pour conſtruire un Tour à l'ordinaire, & cette piece devient d'autant plus interreſſante, qu'elle a l'avantage de tenir lieu de meule de Lapidaire, étant conſtruite de façon qu'elle peut recevoir des meules de differentes eſpeces.

100 Un aſſortiment de cent outils de Tour très-variez, grands & petits, pour toutes ſortes de bois tendres & durs, yvoire,

métal, &c. ronds, droits & creux; ces outils sont d'acier de la trempe la plus fine, & des mieux conditionnez; ils sont tous montez sur un manche de beau bois des Indes proprement tourné, avec une virole d'argent à filet & moulure; ils consistent en gouges, plates bandes, bec-d'ânes de toutes especes, grains d'orge droits & à crochets simples & doubles, perçoirs, crochets simples à differens côtez, &c. avec deux grands rateliers & deux petits de bois de chêne vernis, très-bien sculptez & disposez pour recevoir ces outils. Cet assortiment est un des plus complets & des mieux conditionnez que l'on puisse trouver.

101 Un petit Etabli de menuiserie de bois de noyer, posé sur un corps de douze tiroirs, aussi de bois de noyer, & portant des guichets sur les côtés pour y placer les Outils, le tout proprement fait; il est garni sur le devant d'une presse avec des vis & une clef de fer poli, muni d'un valet aussi de fer poli, d'un maillet, d'un trusquin, un triangle, une varlope à onglet, un grand & un petit rabot, dix autres rabots tant à moulures qu'à bouvet, servant à la Menuiserie & à l'Ebenisterie; tous ces affuts sont de bois d'amarante, proprement travaillez & garnis de leurs fers.

102 Une Hache.

Une Plane.

Un fort beau Villebrequin monté en bois de palissandre, & garni de onze mêches de differentes grosseurs.

103 Cinq bonnes Fillieres en bois, garnies de leurs tarreaux, avec un ratelier propre à les placer, & servant à l'usage du Tour a guillocher ci-dessus énoncé, ce qui fait un article qui s'y doit joindre.

104 Un Huillier d'argent pour les outils.

105 Une excellente Pierre à l'huile du Levant, d'un pied de long sur quatre pouces de large, montée sur son affut de bois de palissandre.

106 Une Regle de cuivre divisée des deux côtés pour les parties égales.

Dix Compas de cuivre, dont plusieurs sont simples & à pointes d'acier, d'autres à quart de cercle d'acier, deux en huit de chiffre, dont un porte des divisions, un autre aussi en huit de chiffre & barete, &c.

107 Onze Rapes à bois, tant plates que demies rondes & à queue de rat, à manches de bois & viroles de cuivre.

Quatorze Vrilles de differentes grosseurs.

Quarante & un autres Outils, tant Cizeaux d'Allemagne, Gouges de Paris, que Bec-d'ânes grands & petits, tous montez en bois d'amarante, garnis de viroles de fer poli, avec leurs rateliers de bois proprement sculpté.

108 Trente-neuf Outils de differentes grandeurs & formes, montez sur des manches de bois de palissandre avec viroles de cuivre, propres aux ouvrages d'arquebuserie, comme écoines plates & demi rondes, triangles, queuës d'aronde, queuës de rat, langues de carpe, cizeaux droits & courbes, grains d'orge, gouges, crochets à foüiller, burins,

&c. avec leurs rateliers de bois, tant unis que proprement ſculptez.

109 Un petit Etabli d'horlogerie de bois de noyer, monté ſur un corps de quatorze tiroirs de bois de chêne très-proprement travaillé.

110 Un Etau de fer poli fait à Paris, très-ſolide & très-fini, portant un pied depuis ſa charniere à étrier juſqu'à ſa machoire, avec une vis à double écrou qui ſert à le fixer.

111 Quatre-vingt-deux Limes de differentes formes & groſſeurs, très-proprement montées à manches de bois de paliſſandre, garnies de viroles d'argent, comme petites rapes à bois plates & demi rondes, limes plates d'Angleterre de huit & dix pouces, feüilles de ſauge, carrelettes demi rondes, queuës de rat, limes ovales, écariſſoirs, alezoirs, limes à coutelles, à arrondir, à égaler, tiers-points, &c. avec leurs rateliers de bois de chêne proprement ſculpté.

112 Dix Burins à manches de bois de paliſſandre & viroles d'argent auſſi proprement faits que les précédens.

Trois Poinçons d'acier.

Huit Forets montez de leurs bobines d'yvoire.

Un Plaſtron de bois de paliſſandre, auſſi très-proprement travaillé & garni de trois differens Archets de baleine montez en yvoire.

113 Un petit Tour de fer poli d'environ deux pouces de poupée, garni de ſon ſupport & de ſon coulant, ainſi que de ſa noix & de ſes deux pointes, avec un Archet d'acier trempé, muni d'un encliquetage propre

propre à bander la corde, & enmanché d'yvoire, le tout très-proprement exécuté.

Une petite Boëte d'argent propre à renfermer des Outils, & contenant un porte-forêt d'acier à bobine d'yvoire, très-fini; seize Forêts & deux Fraisoirs assortissant à ce porte-forêt.

114 Un autre petit Tour de fer poli, fait en porte-forêt, avec sa bobine d'yvoire & son archet d'acier poli, à manche de bois garni d'une virole d'argent, & muni d'environ une douzaine de petits forets qui lui sont propres, & placez dans une petite Boëte d'argent, le tout aussi proprement exécuté & fini avec autant de soin que le précédent article.

115 Deux autres Boëtes d'argent propres à renfermer des petits Outils, & contenant elles-deux, cinquante differentes petites Limes & autres outils d'horlogerie, tous montez sur des manches de bois de palissandre, garnis de longues viroles d'argent.

116 Un petit Villebrequin de fer poli très-proprement travaillé, avec manche & poignée d'yvoire, & garni de six méches d'acier fin tournées & à moulures & de differentes grandeurs.

Trois Tourne-vis de fer aceré.

117 Sept Marteaux d'acier de differentes formes & grosseurs, & propres à differens usages, tous montez proprement en bois de palissandre & bois d'amarante; trois de ces Marteaux sont ornez de gravure.

Un Tourne-vis monté de même.

Un Fraizoir, *idem.*

Une Maſſe de fer poli, enmanchée dans du bois de paliſſandre.

Deux Maillets de differens bois.

118 Treize excellens Outils tant de fer que d'acier poli, finis avec ſoin & propres à differens uſages, ſçavoir:

Vne grande paire de Tricoiſes ou Tenailles; une paire de Cizailles fines; deux Pincettes plates; une Bigorne d'Horloger; une Preſſe à river; une Tenaille coupante; deux Bequetes rondes & fines; un Eteau à main très-proprement travaillé, ayant le derriere de ſa vis taillée en étoile avec des feüilles ſur les machoires; un autre petit Eteau à goupille, auſſi très-fini; un petit Compas à verge, dont un des coulans porte ſon manche.

119 Vingt-ſix autres Outils, pareillement propres à differens uſages, dont entr'autres une Bigorne, deux Etaux à main, pluſieurs Pincettes plates & rondes, quelques Cizeaux, Couteaux, Canifs, Bruxelles, Outils à river & autres.

120 Une grande & très-belle Filliere ſimple, garnie de dix-ſept tarreaux, dont la tête eſt ornée de feüillages; & ſon tourne à gauche.

Une autre moyenne Filliere, garnie de huit tarreaux.

Une autre plus petite Filliere ſervant à l'horlogerie, garnie auſſi de huit tarreaux.

Trois Grattoirs d'acier, montez ſur des manches de bois de paliſſandre.

121 Une Sçie d'acier poli, très-finie, & garnie d'un manche d'yvoire.

Un Drille à lentille de cuivre, avec son arbre d'acier, & monté sur un manche de bois de palissandre.

Une Regle de cuivre divisée en pied de Roy.

Trois Grattoirs d'acier avec manches de bois de palissandre.

122 Une très-belle Scie à évider, montée sur un manche d'yvoire & garnie de sa clef pour les vis.

Une autre plus grande Scie, bonne & solide, montée sur un manche de bois de palissandre, & très-proprement travaillée.

Une Equere de cuivre ordinaire.

Une autre Equere aussi de cuivre, & portant un onglet sur un de ses côtés.

Trois Grattoirs d'acier à manche de bois de palissandre.

123 Une petite Plate-forme d'horlogerie faite en cuivre & portant divers nombres, & garnie de sa piece centrique.

Quelques Cadrans d'horlogerie en cuivre.

* 123 Une très-jolie Presse de fer avec ses deux platines aussi de fer, ainsi que son étrier, sa vis & sa manivelle, elle est propre à imprimer des sceaux.

124 Un petit Corps de trois tiroirs de chêne, le tout peint en rouge.

Quarante-deux Moules de corne, avec quatre brunissoirs à doubles dents, propres à en tirer les empreintes.

Dix-neuf Poinçons de fer, portant des rozetes, des feüilles & divers autres ornemens, pour en pouvoir tirer des empreintes.

125 Un petit Corps de Tiroirs très-proprement

faits & à l'uſage d'un Peintre ; il eſt garni dans ſon deſſus d'une pierre à broyer, d'un huillier ou pincelier d'argent, de quatre Flacons de criſtal pour renfermer les differentes huiles & vernis ; le devant eſt formé par huit petits tiroirs, dans leſquels il y a vingt-neuf petits bocaux remplis de diverſes couleurs ; deux petits pots d'argent pour l'huile graſſe ; cinq palettes de differens bois & grandeurs ; un étuy d'yvoire, garni de pluſieurs petites cazes propres a mettre les couleurs en miniature ; ſoixante pinceaux avec manches de bois d'ébeine ; quelques broſſes ; des couleurs en veſſies, &c. La plûpart des Tiroirs ſont ſéparez en pluſieurs compartimens, pour recevoir les differens uſtencils & ingrédiens convenables à cet Art ; ce qui forme un des plus jolis & des plus commodes néceſſaires que puiſſe trouver un Peintre ou un Particulier qui voudroit s'amuſer à la Peinture.

126 Un porte-Crayon dont les ouvertures des deux bouts ſont de differentes groſſeurs.

127 Un Chevalet pour les tableaux, extrêmement propre, fait de bois de cerizier & ſculpté avec beaucoup de ſoin ; il eſt garni de differens reſſorts de fer poli, afin de pouvoir le contenir & l'aſſurer, ainſi que ſa tablette.

128 Un petit Corps de vingt Tiroirs de bois de paliſſandre, & convenable pour faire un médailler ou un coquillier. Il ſe trouve dans les tiroirs des clous d'épingles, des clous à tête dorée, des vis,

des pitons à vis, & quelques autres bagatelles.

129 Deux gros Pieds de Chandeliers de cuivre en couleur.

Quatre Flacons de criſtal.

Deux Pots de cuivre rouge pour la cole-forte.

130 Deux Poids de potin, l'un de vingt-cinq livres & l'autre de douze livres.

131 Un Tabouret à trois pieds très-élevé, proprement ſculpté, & fait à deſſein de pouvoir travailler commodément à differens ouvrages.

132 Quatre Paquets, contenant en tout quatre cens quatre Roues à poulies de cuivre enfilées & de differentes grandeurs.

Trois Cadenats d'Angleterre.

Pluſieurs Perçoirs non montez, & quelques autres bagatelles.

133 Un Chandelier de cuivre fait en garde-vûë, très-proprement fini, & garni de deux petits miroirs de réverberation pour augmenter la lumiere.

134 Deux Chef-d'œuvres de Tour faits en Allemagne, formant deux eſpeces de Calices couverts, qui renferment une quantité de goblets minces comme le papier, placez dans leurs Boëtes; le tout exécuté en bois.

Un autre petit morceau dans le même goût.

135 Un autre Ouvrage de Tour pareil aux précédens.

Deux morceaux en Yvoire, du même goût.

136 Une autre piece faite au Tour & repréſentant un Luſtre mouvant, renfermé artiſtement dans un globe de verre

dont l'ouverture eſt d'un volume beaucoup plus petit que le Luſtre.

Deux Boules de boüis travaillées à jour, & qui renferment chacune une Tabatiere ovale, d'un volume beaucoup plus grand que ne ſont les ouvertures des Boules.

Un Jeu d'Annelets fait en cuivre.

137 Un fort beau Vaſe d'yvoire très-hiſtorié & parfaitement conſervé; ce qui forme un ouvrage de Tour fort ſingulier.

138 Cinq autres petits Ouvrages de Tour, tant en bois qu'en yvoire.

139 La repréſentation de la Tour de Nanquin, faite en yvoire.

Un grand Vaſe d'yvoire.

Un autre plus petit Vaſe de même matiere.

Un morceau repréſentant une troupe de Soldats, placez ſur un plateau de bois rond, & renfermez artiſtement dans un globe de verre.

140 Un morceau fort ancien & ſculpté dans un goût gothique; il repréſente une Croix à pluſieurs compartimens, dans leſquels ſont gravez differens ſujets de la Vie & de la Paſſion de Notre-Seigneur; le tout fini & fait avec beaucoup de délicateſſe.

Une Vierge en yvoire.

141 Une grande Piramide en yvoire très-délicatement finie, bien conſervée & renfermée ſous un bocal de verre blanc.

Un autre Bocal de verre blanc propre à recevoir un pareil ouvrage.

Une Châſſe de bois verni dans laquelle ſe trouve auſſi un grand Bocal de verre blanc, pareillement propre à placer quelque curiosité du même genre.

142 Une Cassolette de cuivre servant à faire exhaller des odeurs.

Une grande Tasse couverte très-singuliere & anciennement sculptée.

Quatre autres Vases particuliers tant de bois que de corne de Rinoceros.

Un pied de cuivre à consoles.

143 Sept Tablettes de bois de chêne, vernies & gauderonnées sur les bords, avec leurs consoles très-proprement sculptées, & qui leur servent de supports.

PREMIER CABINET D'HISTOIRE naturelle, ou Cabinet des Animaux en Phioles.

CE Cabinet contient près de quatre cens vingt Phioles ou Bocaux grands & petits, dans lesquels sont renfermez plus de mille Animaux de differentes especes, comme Serpens & autres insectes, Oiseaux, Quadrupedes, Poissons, Monstres, quelques Fœtus humains & autres, quelques Fruits ou Plantes Etrangeres, &c. & parmi lesquels il y en a de fort curieux & d'extrêmement rares. Ces Animaux sont placez sur des tablettes dans un corps de six grandes Armoires, & nâgent dans une liqueur conservative : cette collection est une des plus considérables en ce genre, & je ne connois guerres de Cabinet qui en fournisse un si grand nombre.

J'aurois souhaité pouvoir instruire les Curieux, de la nature, de l'espece & du nom de chacun de ces Animaux; mais comme cette partie de l'Histoire naturelle fait une étude particuliere à laquelle peu de personnes s'appliquent, par la difficulté de trouver fréquemment l'occasion de posseder ou d'examiner la nature de ces Animaux, qui la plûpart, viennent des Pays les plus éloignez, & que les recherches que j'aurois été obligé de faire, auroient sûrement exigé un tems trop considérable, je n'ai pû satisfaire la curiosité des Amateurs, que sur ceux avec lesquels j'ai pû faire ci-devant quelque connoissance, & qui m'ont déja passé par les mains. On pourra avoir recours aussi à deux petits Catalogues qui ont paru en 1736. & 1737. à l'occasion de deux Ventes de cette nature que je fis alors.

On trouve outre cela dans ce Cabinet plusieurs autres Animaux dessechez, qui sont attachez tant au plancher que sur les montans des Armoires : quelques Plantes, quelques Pétrifications & Congellations ; un grand Corps de tiroirs remplis de differens Mineraux, Marbres, Mines, Pierres, Cailloux, Agates & autres morceaux de même genre. Le tout sera distribué en lots selon l'ordre suivant :

PREMIERE ARMOIRE.

144 Six petits Bocaux remplis de divers Animaux, sçavoir :

Trois Serpens, dont un amphisbêne ou double marcheur.

Une Chenille.

Un Oiſeau.

Un Lezard des Indes, à bandes & à queuë hériſſée.

Un Crabe, &c.

145 Huit autres plus grandes Phioles, contenant pluſieurs Serpens, Oiſeaux & Poiſſons.

146 Six Bocaux, renfermant deux très-beaux Serpens, & quelques differens Poiſſons & Oiſeaux.

147 Trois Bouteilles, contenant quatre Animaux, ſçavoir:

Deux Chenilles veluës de Surinam, d'une groſſeur monſtreuſe, & d'une très-belle couleur d'or; fort rares.

Deux jolis Oiſeaux très-bien conſervez.

148 Une Phiole, contenant deux gros Crapaux de Surinam, de l'eſpece de ceux qui font leurs petits par le dos, & ſur le dos de l'un deſquels on en voit pluſieurs qui ſont prêts à ſortir; ils ſont extrêmement rares.

149 Trois Phioles, renfermant deux differens Poiſſons & un petit Monſtre.

150 Deux autres Phioles, ſçavoir:

Un très-beau Serpent bien tacheté.

La Tête d'un Oiſeau Royal.

151 Trois autres, dans leſquelles il ſe trouve:

Deux jolis Oiſeaux bien conſervez, & variez de couleurs vives.

Pluſieurs petits Poiſſons.

152 Un Lievre ſingulier, ayant une ſeule tête, quatre oreilles, deux corps, & huit pates.

153 Trois Phioles, contenant:

Deux Serpens, l'un rayé comme un ruban, & l'autre tacheté.

Un Oiseau & un Poisson.

154 Trois autres Phioles, sçavoir :

Trois Lezards, dont un est appellé le Lezard Crocodile.

Un Poisson & un autre Animal à quatre pates.

155 Trois autres Phioles, sçavoir :

Une Belete.

Deux beaux Lezards de differentes especes.

Une Ecrevisse de mer singuliere.

156 Trois autres contenant :

Trois Serpens bien tachetez, dont un *Jaculus* & un Amphisbène ou double Marcheur.

Une petite Perruche & un autre Oyseau, tous deux très-bien conservez.

157 Trois autres Phioles dans lesquelles se trouvent :

Un très-beau Poisson singulierement rayé.

Un Oiseau très-bien conservé.

Un Lezard.

Un Cameleon.

158 Trois autres Phioles contenant :

Un très-beau Lezard bien tacheté.

Quelques Serpens.

Un Cameleon & un Poisson.

159 Deux très-grosses Phioles dans lesquelles il se trouve :

Deux beaux Serpens de differentes especes.

Un gros Poisson appellé le Chat, & en Provençal *Gat*.

160 Deux autres grosses Phioles contenant ;

Un très-beau Lezard extrêmement grand, & un gros Poiſſon.

161 Deux autres groſſes Phioles, contenant deux gros Animaux, ſçavoir :

Un très bel Animal à quatre pates, tout couvert d'écailles ſemblables à celles de la Carpe; on l'appelle le Poiſſon écailleux : il eſt rare & parfaitement bien conſervé.

Un Oiſeau particulier portant un bec monſtreux & très-diſproportionné à la grandeur de ſon corps.

162 Trois autres très-groſſes Phioles, ſçavoir :

Un *Fœtus* de Loup.

Un Ananas & un gros Poiſſon.

163 Trois autres Phioles de même grandeur, dans leſquelles il ſe trouve :

Un Heron.

Un très-gros Serpent.

Un Poiſſon ſingulier appellé l'Enflé.

DEUXIE'ME ARMOIRE.

164 Douze petites Phioles contenant divers Serpens, Grenoüilles de Surinam & autres, Poiſſons, Oiſeaux, &c.

165 Six autres plus grandes Phioles contenant :

Quelques Serpens, Grenoüilles & Fruits.

Pluſieurs petits Poiſſons, dont quelques-uns ſont à bandes.

Deux *Fœtus* de Pigeons, ayant chacun deux têtes.

166 Trois autres Phioles dans leſquelles il ſe trouve :

Deux très-belles Chenilles.

Deux Eguilles de mer.

Un Mille-pate.

Une Tarentule.

167 Trois autres Phioles contenant :

Deux belles & monstreuses Chenilles velues de Surinam.

Trois autres belles Chenilles très-vives en couleurs.

Deux Serpens de differentes especes.

168 Sept Phioles remplies de divers animaux, comme Serpens, Chenilles, Poissons &c.

169 Quatre autres Phioles, contenant differens animaux curieux, sçavoir :

Deux Sauterelles de l'Amerique ; dont une a la tête couronnée par un capuchon ; elle est fort rare.

Un Mille-pate.

Une grosse Chenille.

Deux jolies Tortuës.

Trois Chauve-souris singulieres de l'Amerique, dont une a la tête semblable à un Chat ; elle est aussi rare.

170 Six Phioles, dans lesquelles il se trouve plusieurs Poissons & Oiseaux de differentes especes, avec plusieurs *Fœtus* de Tatou, & un *Fœtus* d'Ecureüil.

171 Cinq autres Phioles, sçavoir :

Un Ecureüil.

Un *Fœtus* de Singe.

Deux Poissons.

Quelques Lezards, dont un a la queuë herissée de pointes.

172 Cinq Phioles, dans lesquelles il y a plusieurs Poissons, Lezards, Serpens, &c.

173 Quatre autres, sçavoir :

Un petit Herisson très-bien conservé.

Le *Fœtus* d'un Ours.

Deux beaux Oiseaux.

174 L'Animal appellé l'*Opassum* des Isles Antilles ; il cache ordinairement ses petits dans une poche placée sous son ventre, quand il se trouve poursuivi par un homme ou par quelque autre Animal ; il est fort rare. Celui-ci est extrêmement bien conservé, & se trouve avec ses petits, cachez dans cette poche.

175 L'Animal appellé le Malin ; il a les pates à-peu-près semblables à celles du Singe ; il n'est pas commun.

176 Une Hermine parfaitement bien conservée.

177 Deux grosses Phioles qui contiennent, sçavoir :

Deux très-beaux Serpens, dont l'un est écaillé & très-vif en couleurs.

Deux Poissons.

178 Un Animal à quatre pates, appellé le Malin. Il est parfaitement bien conservé.

179 Deux grosses Phioles. Sçavoir :

Un très-beau Cameleon.

Un Lézard Crocodile.

Un très-beau Serpent.

180 Un Poisson appellé *Pelamide* ou Thon d'Aristote.

Une Merluche.

Un gros Oiseau.

181 Un Monstre représentant un Lievre à une tête, deux corps, quatre oreilles & huit pates : il est très-bien conservé.

182 Un magnifique & grand Serpent écaillé, très-vif en couleurs.

Un très-grand Oiseau.

183 Un Poisson appellé la Saupe.

Un autre Poisson appellé le Loup.

Un *Fœtus* humain.

TROISIEME ARMOIRE.

184 Douze petites Phioles remplies de divers petits animaux de différentes especes ; comme, Serpens, Grenouilles, Scorpions, Poissons, Oiseaux, &c.

185 Onze autres petites Phioles contenant en particulier,

Un Colibry ou Oiseau mouche.

Une Tarentule.

Quelques Serpens, Poissons, Sauterelles, &c.

186 Onze autres Phioles remplies pareillement de differens animaux à-peu-près des mêmes especes que les précédens.

187 Cinq Phioles contenant plusieurs Lézards & Poissons de differentes especes.

188 Trois autres Phioles qui renferment, sçavoir :

Un Cameleon.

Deux Lezards, dont l'un est parfaitement & vivement tigré.

Deux autres Lézards Crocodiles, sortant chacun de leur œuf.

189 Une Phiole renfermant,

Un Cameleon.

Un parfaitement beau Lézard tigré & très-vif en couleurs.

190 Quatre autres Phioles, sçavoir :

Un Lézard Crocodile.

Une Belete.

Deux Poissons, dont l'un est un Mulet.

191 Quatre Phioles contenant,

Un Cameleon.

Un Lézard.

Un très-bel Oiseau.

Quelques Poissons & Serpens.

192 Trois autres Phioles contenant,

Trois jolis Lézards de differentes especes, & très-vifs en couleurs.

Deux Polipes, très-bien conservez.

Un Poisson appellé *Remora.*

193 Cinq Phioles, sçavoir :

Deux Oiseaux.

Deux Serpens bleus.

Un Cameleon.

Trois gros Lézards d'especes différentes.

194 Un Poisson très-singulier ayant deux fortes nageoires plates & massives.

Un gros Oiseau.

Une belle Plante.

195 Deux grosses Phioles, contenant,

Un des plus beaux & des plus gros Cameleons.

Deux Lézards extrêmement beaux, bien tigrés & vifs en couleurs.

196 Un petit Ours très-bien conservé.

Un très-beau Serpent parfaitement bien écaillé.

197 Trois grosses Phioles, contenant, sçavoir :

Un grand Polype.

Le Soldat, ou Bernard l'Hermite, renfermé dans sa coquille.

Trois Serpens variez d'especes.

Un Poisson appellé le Mal-armé.

198 Trois parfaitement beaux animaux, sçavoir :

Un très-fort Lézard Crocodile.

Un des plus grands Lézards d'une espece singuliere, ayant plusieurs plis réguliers sur les deux côtés de sa peau, qui est comme un véritable chagrin.

Un embrion de Poisson d'une forme particuliere.

QUATRIE'ME ARMOIRE.

199 Douze petites Phioles contenant plusieurs animaux, parmi lesquels il y en a d'assez intéressans, & entr'autres quelques Polypes bien conservez.

200 Huit Phioles remplies de divers Serpens, Poissons, Eguilles de Mer, Chenilles, &c.

201 Un des plus grands & des plus beaux Scorpions, parfaitement bien conservé, & de l'espece la plus dangereuse.

202 Deux Phioles; contenant,

Deux extrêmement grosses Chenilles de Surinam très-veluës, dont la plus grosse a le poil d'une couleur d'or très-vive.

Une jolie petite Tortuë avec son œuf.

203 Neuf Phioles remplies de divers autres animaux, comme Oiseaux, Poissons singuliers, belles Chenilles, &c. le tout varié d'espece.

204 Trois autres Phioles, contenant,

Deux très belles Salamandres variées d'espece, & d'une couleur jaune extrêmement vive sur un fond brun.

Deux * Lézards volans.

Deux Chenilles très-singulieres.

205 Trois autres Phioles contenant quelques Lézards, Serpens, &c.

206 Un joli Oiseau mouche ou Rossignol de riviere.

* Ces Lézards volans se trouvent dans une des Isles du Canada, ils volent d'arbre en arbre; ils y font leurs nids & pondent comme les Oiseaux; leurs œufs sont bleus & de la grosseur d'un pois, ils sont ordinairement très-bien mouchetez de rouge & de bleu.

Un embrion du Poiſſon appellé le Marteau.

Un autre beau Poiſſon d'une forme ſinguliere ; il eſt rayé régulierement ſur toutes les parties du Corps, & il porte une eſpece de chaperon ou bonnet qui lui couvre toute la tête.

207 Un paquet de Coquilles *anatiferes*, attachées à un morceau de bois ; on les appelle Chopinettes en Normandie.

Deux Poiſſons dont l'un eſt extrêmement ſingulier ; il porte une très-grande veſſie ou poche à l'extrêmité de ſa gueule : Cette veſſie eſt auſſi groſſe, au moins, que ſon corps, & elle tombe juſques au bas de ſon ventre.

208 Un Chat à deux corps & à une ſeule tête.

Un Embrion de * Tatou très-bien conſervé.

209 Cinq Phioles qui contiennent, ſçavoir :

Un petit Singe parfaitement bien conſervé.

Deux très-beaux Cameleons.

Quelques Serpens & Oiſeaux.

210 Quatre autres Phioles remplies de differens animaux rares & intéreſſans, ſçavoir :

Une eſpece de Crabe ou Ecreviſſe de Mer, ſinguliere.

Un Poiſſon volant.

Le Poiſſon triangulaire ou étoilé.

Un autre Poiſſon très-particulier qui porte un grand nombre de pointes qui lui forment une barbe au-deſſous de la

* Le Tatou vient du Breſil, la forme de ſon corps approche de celle d'un éléphant, & ſon muſeau reſſemble aſſez à celui d'un Cochon ; il eſt couvert par-tout, d'écailles ſi dures que les fleches ne peuvent point faire effet ſur elles.

gueule, avec des nageoires ſemblables à une coquille de S. Michel.

Un autre Poiſſon auſſi ſingulier que le précédent, & dont les nageoires qui ſortent de deſſous ſes ouyes, ſont faites en forme de pates.

211 Quatre groſſes Phioles contenant quelques Serpens, Eguilles de Mer, & autres Poiſſons, &c.

212 Le Satire des bois ou le Pareſſeux, parfaitement bien conſervé. Cet animal eſt fort rare, & ſur-tout quand il ſe trouve d'une pareille condition.

213 Trois groſſes Phioles renfermant trois fort beaux animaux, ſçavoir :

Un grand Lézard très-vif en couleurs.

Un Polype parfaitement bien conſervé.

Un petit Cerf des Indes.

214 Deux très-beaux Serpens bien écaillez en couleurs vives.

Un grand Lézard très-bien tigré.

Un gros Oiſeau.

215 Trois groſſes Phioles, contenant divers animaux, ſçavoir :

Un très-gros & beau Polype bien conſervé.

Un Poiſſon volant.

Un autre Poiſſon à nageoires maſſives & épaiſſes.

Trois autres petits Poiſſons à rayures & bandes blanches.

216 Quatre des plus groſſes Phioles remplies de divers animaux, ſçavoir :

Un très-bel Oiſeau avec un panache ou aigrete ſur la tête.

Un Poiſſon ſingulier.

Quelques *Fœtus* hnmains, &c.

217 Un grand & magnifique Serpent.

Un Cameleon de la plus belle & de la plus grosse espece, ayant le dos aigu & garni d'une épine très-dentelée.

Un Poisson singulier, qui a la gueule extrêmement pointuë.

CINQUIE'ME ARMOIRE.

218 Dix petites Phioles remplies de plusieurs petits Serpens, Oyseaux, Poissons, &c.

219 Sept autres plus grandes Phioles contenant pareillement plusieurs beaux Serpens, Poissons singuliers, Lézards, &c.

220 Quatre autres Phioles remplies de divers animaux, sçavoir :

Une grosse Chenille de Surinam, portant ses œufs.

Un Poisson singulier.

Quelques Grenouilles de Surinam.

Plusieurs Chenilles particulieres.

221 Huit autres plus grosses Phioles contenant,

Quelques Coquilles *anatiferes*.

Un Poulet à quatre pates.

Plusieurs œufs de Serpens, &c.

222 Cinq Phioles de la même grandeur que les précédentes, qui contiennent plusieurs beaux Serpens & Poissons.

223 Quatre autres Phioles, sçavoir :

Un très-beau Lézard.

Plusieurs petits Poissons singuliers, tant à bandes qu'à rayures.

Trois Serpens.

224 Quatre autres pareilles Phioles, renfermant quelques Serpens, Poissons, Lézards, &c.

225 Trois autres Phioles remplies aussi de différens Serpens tant amphisbenes qu'autres, avec un bel Oiseau.

226 Trois Phioles, ſçavoir :
Un petit Tigre très-bien conſervé.
Quatre Poiſſons d'une eſpece particuliere, dont entr'autres un Poiſſon volant, & deux autres plus petits d'une jolie couleur & très-ſingulierement tachetez.

227 Deux Serpens dont un eſt magnifiquement écaillé & tacheté de couleurs vives.
Un Cameleon de la plus belle eſpece & parfaitement conſervé.

228 Un très-beau & gros Serpent bien tigré.
Un Poiſſon appellé le Scorpion.
Un gros Oiſeau.

229 Trois groſſes Phioles, ſçavoir :
Deux beaux Serpens.
Un Oiſeau.
Un Poiſſon.

230 Un Hériſſon des plus beaux & des mieux conditionnez.

231 Un très-gros Serpent.
Un grand Oiſeau.
Un gros Poiſſon.

232 Un très-beau & très-gros Crocodile.
Un beau Poiſſon a nageoires plates & maſſives.

233 Un Mange-fourmis très-bien conſervé ; cet animal eſt fort ſingulier & rare.

234 Un très-gros Serpent bien écaillé.
Un *Fœtus* humain.

235 Un très-beau Cameleon.
Une Salamandre.
Un Poiſſon fort ſingulier, dont la tête eſt à-peu-près faite comme celle d'un Brochet, ce qui forme le tiers de toute ſa grandeur.

236 Un fort grand & bel Oiſeau.
Un gros Poiſſon.

SIXIE'ME ARMOIRE.

237 Douze petites Phioles contenant plusieurs petits Serpens, Chenilles, Poissons, &c.

238 Neuf autres plus grandes Phioles, sçavoir:
Deux fort belles Chenilles.
Deux Serpens.
Quelques Poissons, &c.

239 Six autres Phioles contenant quelques Serpens, quelques Lézards, quelques Poissons, &c.

240 Trois Phioles remplies de divers animaux, sçavoir :
Deux très-beaux Serpens.
Deux grosses Chenilles très-vives en couleurs.
Trois beaux Lézards, dont un est à queuë herissée.

241 Neuf autres Phioles, contenant,
Deux Cameleons dont un est de la belle espece.
Quelques Lézards.
Quelques Poissons, &c.

242 Six Phioles remplies de divers Poissons, &c.

243 Un Chat à deux têtes.
Deux beaux Lézards.
Un fort bel Oiseau.

244 Six grandes Phioles contenant divers animaux, sçavoir :
Un très-beau Crocodile.
Deux grands Lézards très-vivement coloriez & tachetez.
Deux gros Poisson, dont l'un est une espece de Raye double, & l'autre une * Murêne.

* On prétend que la morsure de la Murêne est aussi dangereuse que celle des Viperes, & que ce Poisson cherche la Vipere pour frayer avec elle.

245 Un beau Serpent.

Deux gros Poiſſons.

Un grand Oiſeau.

246 Le Poiſſon écailleux, aſſez rare.

Le Malin, auſſi rare que le précédent.

247 Cinq groſſes Phioles remplies de pluſieurs animaux, ſçavoir :

Deux beaux Serpens.

Un des plus grands Lézards.

Deux *Fœtus* humains.

Deux Poiſſons.

248 Une extrêmement groſſe Phiole contenant une quantité de Plantes curieuſes qui devoient être diſperſées dans differens Bocaux ainſi que les animaux.

Une autre Phiole de la même groſſeur dans laquelle eſt renfermé un Embrion*d'Hipopotame, très-bien conſervé.

Dans un autre Corps d'Armoire vitrée.

249 Cent trente Bocaux de verre blanc, vuides & de differentes grandeurs.

Au haut du plancher dudit Cabinet.

250 Environ une trentaine de morceaux d'hiſtoire naturelle, attachez au plancher dudit Cabinet, ſçavoir :

Des œufs d'Autruche.

Un Porc-épic, & autres Poiſſons deſſechez.

Pluſieurs Cocos avec leurs écorces.

Une Soucoupe faite avec des clous de gerofle.

Un Paquet de racines d'Orme qui ont paſſé dans quelques tuyaux d'une

* L'Hipopotame, eſt une eſpece de Cheval Marin, grand Poiſſon dont la tête approche de celle d'un Bœuf.

fontaine de Chantilly, & qui s'y sont étendus d'une longueur extraordinaire, &c.

Au bas & sur les montans & côtés des Armoires, ainsi que sur la Boiserie & sur le plancher dudit Cabinet.

251 Trois Poissons dessechez, dont entr'autres deux Porc-épics.

Deux gros Cocos avec leurs écorces.

Un gros morceau de Rocher, sur lequel sont attachées plusieurs coquilles fossiles.

Deux morceaux de * terre glaise petrifiée & cristalisée avec un caillou.

252 Un pied & deux machoires d'Elephant.

Un Madrepore ou Plante pierreuse.

253 La partie supérieure de la tête d'une Vache Marine avec ses deux dents.

Deux grosses Coquilles appellées Trompes Marines.

Un gros morceau de ** Cristalization ou Congellation qui se trouvent dans de certains souterrains, & qui se forment par les goutes d'eau qui tombent des voutes.

254 Plusieurs autres morceaux de Congellations pareilles à celles de l'article précédent.

Une grosse Plante pierreuse de la forme d'un Chou.

Deux morceaux de Terre glaise petrifiée & cristalisée.

* Cette Terre glaise petrifiée, se trouve dans une partie de la Provence.

** Ces Congellations viennent des Grotes d'Arsy en Bourgogne.

255 Une très-belle Plante pierreuse, ou éponge dure de Mer, d'une forme singuliere & peu commune.

256 Une autre fort belle Plante pierreuse de la même espece & de forme de Chou.

257 Une très-belle Coupe montée sur un pied, le tout fait de corne de Rinoceros, & anciennement sculpté. Le pied répré-sente Neptune, il porte la Coupe, & il marche sur la Mer, entouré de divers Poissons ; ce morceau est singulier.

Une grande Coquille appellée *Nautilus Crassus*, montée sur un pied.

258 Un Hypopotame empaillé.

Un Membre de Baleine.

Un Serpent à sonnette, aussi empaillé ; c'est le plus dangereux des Serpens. Celui-ci porte quatre pieds quatre pouces de long.

259 Un autre Membre de Baleine.

Un Serpent empaillé, de cinq pieds & demi.

Une petite Raye desséchée & formée en Dragon volant.

Un Poisson quadrangulaire appellé, le Coffre.

Le Jabau d'un Oiseau que l'on appelle le * grand Gosier, &c.

260 Un Tatou.

Un beau & grand Lézard écailleux, cet animal n'est pas commun.

* Cet Oiseau se trouve dans toutes les Isles Antilles ; il n'est pas plus gros qu'une Canne, & sa figure est désagréable ; ce qui lui a fait donner le nom de grand Gosier, est parce qu'il a sous le col un gosier si vaste, qu'il peut contenir un grand seau d'eau. On le trouve toujours en sentinelle sur les arbres qui sont au bord de la Mer pour épier les Poissons qui font sa seule nourriture, & qu'il attrape avec addresse en s'élançant dessus.

Deux petits Serpens empaillez.

Deux Oeufs d'Autruche.

261 Une Grape de Palmier, portant son fruit ou ses dates, & renfermée sous une cloche de verre blanc.

Un Tatou.

Un morceau de la racine d'un bois qui enivre, quand on en fait usage.

Un Eguille de Mer.

Plusieurs morceaux de Congellations, venant des Grotes d'Arsy, &c.

262 Une Omoplate de Baleine.

Deux morceaux de Tartre, l'un de vin blanc & l'autre de vin rouge, qui se forment ordinairement dans le fond des tonneaux, en Languedoc.

Deux Pieds d'Autruche.

Un grand morceau de Bois très-noir & très-dur, trouvé dans la mer au Port de Cettes.

Une Coupe de cuir, couverte & garnie de cuivre.

Une Loutre empaillée.

Un Dauphin & plusieurs autres Poissons dessechez, &c.

263 Cinq Chapelets, dont l'un est fait de noyaux artistement travaillez à jour, & les quatre autres sont de differentes matieres.

Une Poire en camaïeu faite en tabatiere, & garnie en argent.

264 Un très-joli Rocher composé par l'assemblage de plusieurs racines de Mandragores, avec dix ou douze petites Pagodes & Animaux, de terre des Indes qui sont placés avantageusement dessus.

Dans un bas d'Armoire formant deux Corps de huit Tiroirs.

Dans les deux premiers Tiroirs de chacun de ces deux Corps.

265 Une Noix * Fossile.
Plusieurs differens Cailloux.
Quelques ** Marcassites.
Quelques Pierres de Croix & étoilées.
Quatre grandes Pierres de composition gravées en relief.

Dans les deux seconds Tiroirs.

266 Plusieurs *** Pierres d'Aigle & de Foudre.

* On appelle Fossile une matiere qui par le long sejour qu'elle a fait dans certaines parties de la terre, y a changé de nature & y a acquis avec le tems une dureté approchante de celle de la pierre; il s'en trouve, & même sur les sommets des montagnes, de bien des sortes, comme Poissons pétrifiez ou empreintes de Poissons, dents d'Elephant, os d'Animaux, bois, corne d'Ammon, coquillages d'une forme & d'une nature differente de ceux que l'on trouve aujourd'hui dans la Mer. Jusques à présent les Phisiciens n'ont pû donner de causes solides sur ces coquillages trouvez ainsi sur les montagnes : ils attribuent cela au boulversement universel du Globe terrestre arrivé par le Déluge, qui selon eux, peut avoir tiré du fond des eaux les cornes d'Ammon qui paroissent être un nautile, ainsi que les autres coquillages, & les avoir transporté dans les lieux où ils se trouvent à présent. Assez ordinairement les mêmes especes se trouvent abondamment dans un même endroit, sans en pouvoir trouver de pareilles en d'autres lieux.

** On appelle Marcassites toutes les pierres qui contiennent peu ou beaucoup de métal.

*** La pierre d'Aigle est une pierre noirâtre & sonnante à cause d'une autre petite pierre interieure qu'elle renferme; on prétend qu'on l'appelle ainsi parce qu'elle se trouve ordinairement dans des nids d'Aigle. On lui attribuë la vertu de pouvoir rendre l'accouchement plus facile & plus prompt.

Mines de plomb & autres.

Ciment des Romains.

Un morceau de Criſtal de roche, taillé en façon de diamant & monté en argent.

Mines d'Amethiſte.

Cailloux durs de Château-Neuf.

Pluſieurs Vitrifications & Criſtaliſations, &c.

Dans les deux troiſiémes Tiroirs.

267 Differentes Préparations & Combinaiſons de Mines de diverſes eſpeces mêlées enſemble.

Quelques Marcaſſites.

Quelques Mines.

Un Chapelet d'Amethiſte.

268 Un Chapelet de Jaſpe avec ornemens émaillez ſur or, &c.

Dans les deux quatriémes Tiroirs.

269 Du Verd de gris de la Chine.

Pluſieurs Pirites ſulphureuſes.

Quelques matieres bitumineuſes.

Quelques morceaux legers de Mine d'argent.

Pluſieurs grains de Chapelet & Plaques de *Lapis Lazuli*.

Quelques Agates & autres Cailloux, &c.

Dans les deux cinquiémes Tiroirs.

270 Quelques Mines de Talc & autres.

De la Mine d'Argent de S. André.

Pluſieurs jolies Plaques d'Agates, tant

Orientales que d'Allemagne,
Quelques autres Cailloux.

Dans les ſix , ſept & huitiéme Tiroirs du premier Corps.

271 Pluſieurs Mines Talcqueuſes.
Quelques Pierres ſingulieres & à bandes de diverſes couleurs.
Quelques Cailloux.
Un Chapelet d'ambre , &c.

Dans les ſix , ſept & huitiéme Tiroirs du ſecond Corps.

272 Une ſuite de differens Marbres anciens & nouveaux en quatre-vingt-un morceaux , & parmi leſquels il s'en trouve deux de marbre de Florence.

273 Un Corps de Tiroirs de bois de chêne verni & chantourné , renfermant les mineraux & autres curioſités ci-devant énoncées , avec ſon deſſus de marbre ; & ſur lequel eſt établi un autre corps d'Armoire vîtrée , garnie de tablettes & ouvrante à trois guichets. Tous les tiroirs du bas d'Armoire ſont diſtribuez en differens compartimens pour recevoir ces mineraux , agates & autres curioſités de cette nature , & propres à former un Droguier ; il peut auſſi ſervir à faire un Coquillier.

DEUXIE'ME CABINET d'Histoire Naturelle, ou Cabinet des Insectes & autres Animaux dessechez.

CE Cabinet forme un coup d'œil des plus séduisans ; il renferme une multitude innombrable de Papillons & autres Insectes desséchez, dont plusieurs sont posez sur des cartons couverts de grandes glaces, ou sur des quarrés de carton garnis de verres blancs ; plusieurs Oiseaux singuliers & rares, montez sur des pieds de bois garnis de feüillages artificiels ; des Mines d'or & d'argent fort riches & autres Mineraux ; des Fossilles de toutes especes, des Pétrifications, des Congellations, des Cristalizations simples & mêlées ; des Madrepores & autres Plantes pierreuses fort singulieres & parfaitement bien conservées ; des Litophiton, des Coraux de toutes especes, des Plantes moles & Panaches de mer ; des Serpens d'une grandeur monstreuse, des Animaux ou parties d'Animaux dessechez, tant terrestres que marins, dont plusieurs sont fort rares ; des Cornes de Licorne ou de Narwal, & de Rinoceros de la plus grande sorte ; un bel assortiment de divers habillemens Indiens & instrumens à leurs usages ; & enfin plusieurs autres morceaux curieux. La plûpart de ces pieces sont placées dans un grand corps d'Armoire de bois de chêne magnifiquement sculpté, & dont les portes sont ceintrées & contournées, & garnies de grandes glaces dans le haut & dans le bas, qui donnent la facilité de pouvoir tout appercevoir d'un coup d'œil ; le reste est placé tant sur le Parquet & sur les Armoires, qu'attaché au plancher & sur les differentes parties de la boizerie. Toutes ces curiosités seront détaillées à l'ordinaire, selon qu'ils se trouvent énoncez dans les numeros suivans.

Dans le bas de la premiere Armoire.

274 Un Bezoard de Porc-Epic enchâssé dans de l'or ; ce Bezoard est un morceau des plus en réputation de ce Cabinet.

275 Un * Bezoard Oriental.

* On appelle Bezoard une pierre qui se trouve ordinairement dans le ventre de certains animaux ; il y en a de differentes formes & de quatre especes ; la premiere est le Bezoard Oriental venant d'une Chevre ou d'un Bouc : La seconde le Bezoard Occidental, sortant pareillement d'une Chevre du Perou ; il n'est pas si estimé que le précédent. La troisiéme espece est appellée pierre de Porc ; elle est fort en réputation, & se trouve dans le fiel de quelques Sangliers des Indes en Malaca & autres endroits de ces cantons : & enfin la quatriéme espece est le Bezoard de Singe qui vient de l'Isle de Macassar en Amerique ; il y a encore des Bezoards de poil comme sont ceux compris dans ce même numero, &

Cinq autres Bezoards, la plûpart humains.

Deux * Egagropiles ou Bezoards de poil.

276 Deux parties de Machoires d'Elephant devenuës fossiles.

Trois dents de Cachelot.

Deux petits Cerfs des Indes.

Quelques Lezards dessechez, &c.

Dans le haut de ladite premiere Armoire.

277 Neuf Cartons de cinq pouces & demi sur quatre pouces & demi, garnis de verre blanc, dans lesquels sont renfermez differens beaux Papillons, la plûpart Etrangers, comme Papillons de la Martinique, de la Grenade, de Saint Domingue & autres.

278 Neuf autres pareils Cartons, contenant divers autres Papillons très-bien conservez.

279 Neuf autres Cartons de la même grandeur, remplis pareillement de Papil-

d'autres que l'on nomme Fossiles, parce qu'on les trouve dans la terre, mais qui ne proviennent d'aucun animal. On faisoit autrefois un grand usage des Bezoards dans la Médecine, sur-tout de ceux qui venoient de l'Orient, & ils servoient même de contre-poison; mais il paroît que cet usage est beaucoup moins fréquent aujourd'hui, soit que les vertus qu'on lui attribuoit se soient trouvées sans effet, ou que l'on ait découvert quelque autre remede plus spécifique.

* L'Egagropile est un Bezoard de Chevre, de Bœuf ou de Vache, formé par un amas de poil que l'animal enleve avec sa langue en se lechant; sa salive colle ces poils les uns sur les autres, lesquels en roulant dans son estomach, forment avec le tems une boule ronde à laquelle on donne le nom d'Egagropile ou de Bezoard de poil.

lons de la Guadeloupe, du Canada, de Saint Domingue, de la Grenade, &c. avec un Lezard volant.

280 Deux autres grands Cartons, chacun de deux pieds sur neuf pouces, sans verres, & remplis d'une grande quantité de Papillons & autres Insectes.

281 Trois autres Cartons de quinze pouces sur onze, pareillement sans verres, & garnis de quantité de differens Scarabées, Mouches & autres petits Insectes.

282 Trois autres Cartons garnis des mêmes Insectes, avec quelques petits fruits.

283 Trois autres Cartons, *idem.*

284 Dix-huit Cartons de cinq pouces & demi, sur quatre pouces & demi, garnis de verres & remplis la plûpart de differens Papillons Etrangers.

285 Neuf autres Cartons garnis comme les précédens.

Dans le bas de la seconde Armoire.

286 Un très-beau morceau de Bois pétrifié de neuf pouces de long sur quatre pouces trois quarts de diametre; ce morceau est extrêmement curieux, en ce qu'il est très-dur, & qu'il est en même tems de nature cristaline, bithumineuse & fossile; ce qui en apparence pourroit faire croire qu'il a été trouvé dans quelque mine de charbon de terre.

287 Deux morceaux de grosses dents d'Elephant, fossiles, ou yvoire fossile & tendre comme de la chaux.

Une Truffe de mer pétrifiée.

Un Tesson de bouteille encrouté par la déposition pierreuse des eaux d'Arcüeil.

Une partie d'une grande corne d'Ammon pétrifiée & cristalizée, & dans laquelle on voit les differentes cellules de ce Nautile; morceau curieux & interessant, ainsi que la plûpart de ceux qui forment ce numero.

288 Une grande corne d'Ammon.

Un très-joli Rocher de Tubes vermiculaires, établi sur le couvercle d'une coquille bivalve.

Un autre amas de Tuyaux rouges ou tubes vermiculaires, ausquels on donne communément le nom d'Orgues de mer.

289 Trois grands & beaux Champignons de mer, dont deux sont à l'ordinaire, & l'autre qui est d'une espece plus rare, a la forme d'un ovale allongé & approchant de celle des grosses chenilles de Surinam, ce qui l'a fait appeller vulgairement la chenille; ce dernier est séparé dans le milieu de sa partie supérieure & convexe, par une ligne creuse, de laquelle partent comme d'un centre toutes les feüilles, en maniere de rayons.

290 Un autre beau & grand Champignon de mer, aussi de forme ovale allongée, très-convexe en-dessus, & ressemblant assez, quand il est posé sur sa baze, à la figure d'un chien accroupi sur ses quatre pates.

Un autre joli Champignon de mer, ayant la forme du Calice d'une fleur & du centre duquel partent des especes de * Petales inégaux régulierement ar-

* Terme de Botaniste que l'on donne ordinairement aux feuilles des fleurs, pour les differencier des feuilles de la plante.

rangez ; on l'appelle vulgairement l'œillet. Celui-ci est attaché sur un morceau de rocher, avec un autre petit Madrepore singulier tout hérissé par differens petits tuyaux.

291 Trois autres Champignons de mer, singuliers, sçavoir :

Le premier de forme ovale allongée & approchante de celle d'une chenille ; il est couvert de nombre de petites feüillures courtes & disposées en plusieurs rangs.

Le second est de la même espece, mais replié, de façon qu'il ressemble parfaitement à une chenille pliée en deux, dont la tête & la queuë se rapprochent.

Le troisiéme est de forme ordinaire, dans la partie superieure duquel on remarque que les feüilles dont il est couvert, partent de plusieurs centres differens, qui imitent autant de fleurs ; ce qui en fait la singularité.

Un petit Œillet de mer.

292 Plusieurs autres petits Madrepores ou Plantes pierreuses.

Dans le haut de cette seconde Armoire.

293 Cent quatre-vingt-trois petites Boëtes quarrées, avec verres dessus & dessous, & contenant la plûpart, des Mouches, des Papillons & autres Insectes, avec quelques petits fruits.

294 Deux grands Cartons garnis chacun d'une glace de vingt-quatre pouces sur seize pouces, & remplis d'une grande quantité de Papillons de diverses grandeurs,

tant Etrangers que de ce Pays ; il y en a quelques-uns de factices, mais fort peu, & ils sont faciles à reconnoître.

295 Quinze petits Oiseaux Etrangers dessechez & deux grosses Mouches. Quelques-uns sont avec leurs nids, & ils sont tous montez sur des petits pieds de bois marbré, garnis de branchages.

296 Quinze autres Oiseaux & une Mouche, posez pareillement sur des pieds à branchages.

297 Onze autres, *idem.*

298 Un Carton de vingt-cinq pouces sur quatorze pouces, & sur lequel sont attachez differens Lezards, petits Poissons & autres Insectes dessechez & parfaitement bien conservez.

299 Un autre Carton de même grandeur, contenant pareillement plusieurs petits Animaux dessechez, comme Lezards, Tortuës, Chevaux marins, Poissons, Etoiles de mer, &c. & aussi parfaitement conservez que les précedens.

300 Un autre Carton de même grandeur, contenant une Tarentule, plusieurs petits Crabes de diverses especes, quelques Etoiles de mer, &c. & de la même condition.

301 Un autre Carton sur lequel sont attachez d'autres petits Insectes & Animaux à-peu-près de même espece que les précédens.

Dans le bas de la troisiéme Armoire.

302 Vingt petites Plantes corrallhoides en forme de Paraches, placées entre des feüilles de papier blanc.

303 Treize autres plus grandes Plantes corrallhoïdes de la même espece.

304 Un très-beau morceau de bois pétrifié de dix-huit pouces de long, très-fibreux, & dans lequel les parties d'Obier se distinguent aisément.

305 Cinq autres gros morceaux de Bois pétrifié, dont l'un a été trouvé à Dreux en 1721. au fonds d'un ancien puits qui n'avoit point été découvert depuis très-long-tems.

Plusieurs autres petits morceaux de Bois pétrifié, parmi lesquels il y en a un de couleur noire & d'une dureté qui approche de celle du marbre : il paroît avoir été bois de noyer.

306 Plusieurs morceaux de Pétrifications ou Fossiles, parmi lesquels il y en a de singuliers, & entr'autres :

Quelques pates de Crabes.

Quelques dents de * Lamies renfermées dans les cailloux qui leur servent de matrices.

Deux Palets de petits Poissons.

Une Pierre humaine qui se trouve ordinairement dans la vesicule du foye ou dans l'estomach.

Un morceau très-particulier ayant la forme, la grosseur & la couleur huilleuse d'un Maron roti pelé, &c.

307 Cent trente morceaux Fossiles, tant *Echinus*, Pierres d'Ammon, que Coquilles

* La Lamie est un monstre marin & le plus grand de tous les Poissons, puisque l'on prétend qu'il y en a qui pesent jusqu'à trente mille livres, ses dents sont aiguës de figure triangulaire, découpées comme une scie & disposées par six rangs.

& autres, parmi lesquels il y en a de très-singulieres.

308 Un magnifique morceau de mine d'or du plus pur, venant du *Potosi* ; il pese en totalité deux marcs une once quatre gros & demi, & il se trouve si riche & si abondant que les Affineurs les plus experts ont estimé qu'il n'y a pas quatre grains de mêlange de matiere étrangere à l'or, ce qui fait un morceau de conséquence & de prix.

309 Une très-belle & très-grosse Mine d'argent, venant aussi du *Potosi*, pesant environ vingt-deux marcs ; morceau aussi extrêmement riche, & dont l'argent se trouve répandu abondamment par lames ou ramifications, dans les differens lits de la Mine. Les Experts ont estimé qu'il ne pouvoit souffrir plus d'un cinquiéme de déchet dans la fonte.

310 Un fort joli ornement de tête de femme à l'usage des Indiennes ou des Persiennes, fait de filigrane d'or, très-délicatement travaillé, & orné de divers Animaux & fleurs émaillées, & garni de pierres factices ; le tout pesant ensemble trois onces quatre gros & demi.

311 Un manche de Coutelas d'agate, avec des ornemens incrustez en partie grossierement avec de l'or fort épais ; cela paroît très-anciennement fait.

312 Un morceau d'Ambre gravé, & représentant un Ours, tenant un écusson dans lequel est renfermé un Aigle.

313 Un très-beau Coutelas Turc à manche, virole & bout de * Jade damasquiné ;

* Le Jade est une pierre verdâtre qui étoit en gran de réputation parmi les Anciens ; il est même encore

il est renfermé dans un foureau couvert d'étoffe d'or.

314 Une grande Tasse ovale de jaspe floride avec une Soucoupe d'agate.

315 Un morceau fort curieux * d'Amiante ou Lin incombustible. Ce qui augmente le mérite de ce morceau, est qu'il se trouve renfermé entre deux lames de rocher ou croutes pierreuses, dont la partie superieure est couverte de cristalizations.

316 Quinze morceaux de differens Cailloux & Marbres, dont entr'autres:

Un morceau de Jaspe rouge.

Un autre morceau de Prime d'Emeraude.

Un morceau de Glaize pétrifiée & creuse, remplie de cristaux ; elle se trouve sur le bord d'une riviere à Remusat dans les confins de la Provence & du Dauphiné.

Un gros morceau de Caillou de Rennes scié en deux & poli, &c.

317 Neuf morceaux de differentes especes, dont entr'autres :

fort estimé chez les Turcs & les Polonnois, qui s'en servent souvent pour orner leurs manches de coûteaux & de sabres ; il surpasse en dureté l'Agate, le Jaspe & le Porphire, & on ne le peut travailler qu'avec de la poudre de diamant.

* L'Amiante est une matiere minerale, espece de Talc qui est formée en filamens semblables à l'alun de plume. Les Anciens filoient l'Amiante & ils en faisoient des toiles incombustibles, qui entr'autres usages servoient à ensevelir les corps morts que l'on vouloit brûler pour en conserver les cendres, ce qui devenoit d'autant plus facile que les corps brûloient & la toile demeuroit entiere. L'Amiante se trouve souvent dans des carrieres placées vers les Pyrenées.

Un beau morceau de Mine d'Amethiste.

Un morceau du bois des Digues de la Hollande, rongé par les vers de mer.

Un morceau de Bithume vomi par le Volcan des Canaries.

Quelques Mines, &c.

318 Un gros morceau de Mine d'émeraude fort riche, & dans lequel on apperçoit plusieurs émeraudes qui sortent en partie de la Mine.

319 Une autre petite Mine d'émeraude fort belle, dans laquelle on voit une très-grosse Emeraude qui s'éleve pareillement au-dessus de la mine.

Un beau morceau de Mine d'Amethiste.

320 Un morceau de cristal fort curieux, dans lequel on distingue plusieurs corps étrangers, comme Amiante, Paille ou Bois qui s'y sont trouvez renfermez pendant que sa substance étoit molle, & qui s'y sont conservez dans leur nature.

Un morceau de Cristalization singuliere, & formée par plusieurs grands jets.

321 Un autre morceau de Cristalization très-curieux, & qui participe dans de certaines parties de la nature du Saphir & de la Jacinte; cette piece est fort singuliere.

322 Deux gros morceaux de Talc.

Deux morceaux d'Ambre brut.

Cinq differentes Cristalizations, dont il y en a une qui est de nature bithumineuse & sulphurée.

Dans le haut de ladite Armoire.

323 Une magnifique Plante pierreuse, dont l'espece est très-rare, sur-tout de cette grandeur; elle est extrêmement mince & délicate, & d'une nature papiracée; sa couleur est très-blanche. On l'appelle vulgairement la Manchette ou la Fraize, parce qu'elle lui ressemble beaucoup par sa forme. Je n'en ai point vû dans aucun Cabinet d'aussi belle que celle-ci; elle est montée sur un pied de bois tourné & marbré.

Une autre Plante pierreuse ou * Madrepore, aussi fort singuliere & rare, dont la forme approche de celle d'un chou-fleur, & montée comme la précédente. Il se trouve peu dans les Cabinets de Paris de ces deux dernieres especes de Madrepores; peut-être que leur fragilité est la cause de leur rareté.

324 Une très-belle Plante pierreuse, naturellement attachée sur le dos d'une grosse coquille; morceau fort singulier.

325 Une Plante pierreuse à laquelle on donne vulgairement le nom de Dentelle par rapport à la délicatesse de son travail; on n'en trouve pas ordinairement de si grandes que celle-ci.

* Le Madrepore est une Plante pierreuse qui prend sa naissance dans la mer, & qui ordinairement est percée dans toutes ses parties de très-petits trous qui sont quelquefois imperceptibles & qui la rendent spongieuse; il y en a de beaucoup d'especes & de formes très-variées; leur couleur est le plus souvent blanche ou grise, rarement rouge.

Un petit * Litophyton.

Quelques autres Plantes molles & Eponges de mer.

326 Un beau morceau de Cristalization.

Deux racines singulieres qui approchent de la figure d'un squelete humain.

Une autre racine aussi particuliere, appellée *Agnus Scyticus*, qui est une plante de l'espece des ** *Zoophites*; on l'appelle ainsi à cause de la ressemblance qu'elle a avec un jeune Agneau.

327 Deux beaux *** Coraux rouges, garnis de

* Le Litophyton est une Plante qui tient un milieu entre la nature de la pierre & celle du bois; elle approche de la nature du corail; elle ne porte ni feüilles, ni fleurs, ni fruits, ni semences qui paroissent : sa tige & ses branches sont dures; elle est ordinairement couverte d'une croute que les eaux de la mer y déposent selon les apparences; il y en a de beaucoup d'especes qui different, tant en grandeur qu'en couleur ou dureté, & même en figure; quand on la brûle elle exhalle une odeur de corne de cerf brûlée.

** Les Anciens ont donné le nom de *Zoophite* à plusieurs especes de Plantes qu'ils ont crû tenir autant de l'Animal que de la Plante. Le plus renommé de tous les *Zoophites* est celui-ci, que l'on appelle *Agnus Scyticus*, l'Agneau de Scythie, qui est aujourd'hui la Tartarie; elle est véritablement faite comme un Agneau; elle tient à la terre par une tige ou pedicule qui lui sert de nombril; en croissant elle change de place autant que son pedicule le lui permet, & quand elle est meure sa tige se séche & elle se revêt d'une peau veluë & douce. Cette Plante croît proche de Samara sur le Wolga; on pourroit la mettre dans l'espece des Champignons.

*** Le Corail est une Plante maritime qui croît au fond de la mer sous des roches creuses; il est pétrifié, dur & rameux; il y en a de trois sortes, le Corail rouge qui est le plus beau & le plus estimé; le Corail blanc, & enfin le Corail noir; mais ce dernier est plûtôt Litophyton que Corail, sa nature participant plus d'une substance cornée que pierreuse. Les Japonnois font plus de cas du Corail rouge que des pierreries, & ils le leur préferent dans leurs ornemens.

leurs croutes ou écorces, & montez dans deux Vases de pierre de composition, artistement travaillez à jour à la Chine, & qui représentent plusieurs ceps de vigne.

328 Deux autres branches de Corail rouge, dont une est extrêmement belle.

329 Six autres branches de Corail rouge, dont la plûpart sont garnis de leurs écorces.

330 Trois belles Plantes pierreuses de differentes especes.

Une autre Plante pierreuse fort jolie, vulgairement appellée la Fraize de veau, à cause de sa forme.

331 Une Eponge de mer fort singuliere, appellée communément l'Entonnoir, par rapport à sa forme; ce morceau est fort curieux, non-seulement à cause de son espece, mais aussi par l'assemblage qu'elle forme, avec un morceau de Corail auquel elle est attachée.

Une autre jolie Plante spongieuse, appellée le Bras ou la main, aussi à cause de sa forme qui lui est tout-à-fait semblable.

332 Cinq autres Plantes spongieuses, dont une a la forme d'un Eventail.

Un petit Madrepore.

333 Une fort belle petite Plante pierreuse.

Deux jolies Plantes spongieuses & à jour, en forme d'éventail, & ouvragées très-délicatement par la nature.

Une petite Plante de mer placée dans un petit vase de terre des Indes, avec des plantes de relief très-légerement travaillées sur le tour de ce vase.

334 Plusieurs autres Plantes spongieuses.

Un gros Tube vermiculaire de nature pierreuse.

Un Madrepore, &c.

335 Dix-sept pieces, tant Madrepores que Plantes molles, Corallhoides, &c.

336 Douze autres morceaux, tant Coraux que Plantes Corallhoides, Panaches de mer, &c.

Dans le bas de la quatriéme Armoire, & dans deux autres petites Armoires qui forment des Pilastres.

337 Une Flute Allemande de la grandeur des flutes ordinaires, faite de cire blanche, & dont on peut se servir aussi facilement que des autres flutes.

Un Papillon factice renfermé dans une boëte de verre.

Deux Canards de carton peints aux Indes, dans lesquels on prétend qu'il y a de l'artifice.

338 Une garniture de Dentelle pour femme, avec toutes ses dépendances & un Tablier, le tout fait d'écorce d'arbre.

339 Trois boëtes de Lac de differentes grandeurs.

Deux Rouleaux, sur le dedans desquels il y a plusieurs caracteres Chinois peints.

Vingt-six échantillons de differens bois.

340 Un petit Platteau octogone de Lac des Indes.

Seize morceaux d'Encre de la Chine, tant gros que moyens & petits.

341 Trois * Crustacées appellées Etoiles de Mer,

* Les Crustacés sont des animaux Marins du genre de ceux à coquille; mais dont le test est beaucoup moins dure, & ne forme, pour ainsi dire, quelquefois qu'une croute

dont une est extrêmement grande & parfaitement conservée.

Trois * Oursins dont l'un est appellé *Echinus Sulcatus*, à cause d'une étoile parfaitement & régulierement dessinée, qu'elle porte sur le dos, & qui est faite par des especes de petits sillons assez près les uns des autres.

342 Une Etoile de Mer à cinq pointes.

Une autre Etoile de Mer d'une forme agréable, ayant beaucoup de pointes qui sont toutes régulierement rebroussées en-dessous. Elle est parfaitement bien conservée.

Un Oursin appellé la Chataigne de Mer, garni de toutes ses petites pointes aigues, & semblables à celles d'un Porc-épic.

Un autre plus petit Oursin, garni

tendre, molle & spongieuse, comme les Oursins, les étoiles de Mer, &c. L'Ecrevisse est cependant du nombre des Crustacés; il est vrai que sa couverture est beaucoup plus délicate que celle des animaux à coquilles ordinaires. Il y a plusieurs sortes d'Etoiles de Mer, à quatre & à cinq angles, & diversement formées; ce qui véritablement représente une Etoile. Celles qui n'ont que quatre angles sont plus rares; d'autres en ont beaucoup plus. Cet Insecte Marin a la bouche placée au milieu de ces angles ou au centre de l'Etoile, & elle est garnie de beaucoup de dents; il a un grand nombre de jambes avec lesquelles il s'attache aux rochers, quand il prévoit la tempête.

* Les Oursins ou Hérissons de Mer sont aussi du genre des Crustacés; il y en a de plusieurs especes. Il est couvert d'une peau dure, garnie d'épines fortes & quelquefois très-piquantes, qui lui servent de défense. Ces épines lui servent ordinairement de jambes pour pouvoir changer de lieu sur terre, de façon qu'il marche toujours en roulant. A peine sa tête peut-elle être distinguée. On trouve ces Oursins sur les bords de la Mer où ils se retirent quand ils prévoyent que les vagues doivent s'enfler. Leur chair & leurs œufs sont fort bons à manger. Il est rare d'en pouvoir conserver avec toutes leurs pointes.

aussi de toutes ses grandes pointes ; mais d'une espece differente à celles du précédent. Celles-ci sont épaisses, fortes & d'une nature dure & pierreuse. Ces deux Oursins se trouvent très-rarement aussi bien conservez & munis ainsi de toutes leurs pointes.

Deux autres petits Oursins, aussi couverts de leurs pointes.

343 Douze morceaux tant Eguilles de Mer qu'Oursins de differentes grandeurs & especes.

344 Quinze autres morceaux des mêmes especes.

Dans le haut de la même Armoire.

345 Deux Cartons garnis chacun d'une glace de vingt-quatre pouces, sur seize pouces, renfermant une quantité de grands & beaux Papillons, tant étrangers que de ces Pays. Il y en a trois ou quatre factices.

346 Quinze Oiseaux dessechez, la plûpart étrangers, montez sur des pieds garnis de feuillages.

Deux Scarabées.

Deux Ruches de Guepes de Cayenne.

347 Quinze autres Oiseaux & un Scarabée montez comme les précedens.

348 Onze autres Oiseaux, *idem.*

349 Un Carton de vingt-cinq pouces sur treize pouces, sur lequel sont attachez différens Lézards, Scorpions, Tortuës, & autres Reptiles très-bien conservez.

350 Un autre Carton de même grandeur, & garni pareillement de differens Reptiles de la même condition, parmi lesquels il y a entr'autres un Mille-pate ou Mal-

faisante d'une grandeur monstreuse pour son espece.

351 Un autre Carton garni de fort jolis Insectes volatiles, comme Sauterelles, Demoiselles, Porte-lanternes de Surinam, &c. Tous d'une parfaite condition.

352 Un autre Carton couvert à-peu-près des mêmes Insectes.

Dans le bas de la cinquiéme Armoire.

353 Un Crabe fort singulier fait en forme de cabochon, & portant une longue & forte aiguille au bout du museau.

La Partie supérieure d'une Tortuë singuliere, garnie de sa tête & de sa queuë dissequées.

Deux autres Crabes ordinaires.

Deux petits Chevaux Marins.

Deux Poissons d ssechez.

354 Une des plus grosses Ecrevisses de Mer très-bien conservée & fort entiere.

Quelques membres de differens Crabes.

Quelques Papillons renfermez dans des papiers.

Dans le haut de ladite Armoire.

355 Neuf Cartons de cinq pouces sur quatre pouces & demi, garnis de verre blanc, dans lesquels sont renfermez plusieurs beaux Papillons, tant étrangers que de ces Pays, bien conservez.

356 Neuf autres Cartons garnis de mêmes Papillons & pareillement conditionnez.

357 Neuf autres Cartons, *idem.*

358 Deux autres grands Cartons & trois moyens sans verres, remplis de quantité de Mou-

ches, Scarabées, Cerf-volans, petits Papillons & autres Insectes, dont plusieurs sont rangez en compartiment.

359 Six autres moyens Cartons remplis également de differens Insectes bien conservez; comme Tarentules, Araignées, Demoiselles, petits Papillons & autres.

360 Vingt-sept autres petits Cartons garnis de verres blancs, dans lesquels il y a plusieurs Papillons la plûpart étrangers, & dont quelques-uns sont endommagez.

Plus, tant au haut du plancher, sur le Parquet, sur les Tables, sur le Corps d'Armoire avancée, que sur le haut des grandes Armoires, sur les Portes & sur la Boiserie de ce Cabinet.

361 Un très-beau & singulier Rocher métallique factice, placé sur un pied de bois peint & sous une cloche de cristal, dans une niche de deux pieds & demi de haut formée par des verdures & des fleurs artificielles, dans le gout d'un Portique de treillage. Ce morceau a été fait par un Chimiste Allemand qui est venu en France il y a dix ou douze ans, & qui, seul, a possedé le secret de faire ces sortes de végétations. Il y a très-peu de ces morceaux à Paris.

362 Dix têtes de divers animaux, garnies chacune de cornes, dont deux de ces têtes sont naturelles, & les huit autres sont de bois de chêne verni; elles sont sculptées au mieux de grandeur naturelle, & répresentent les differens animaux convenables aux cornes qui y sont attachées.

363 Une

363 Une très-grande corne de * Rhinoceros.
Deux autres plus petites.
Deux *Balanus* de Baleine.

364 Quatre belles & grandes Plantes Corallhoides ou Panaches de Mer.

365 Deux belles Racines de ** Mandragore représentant deux Figures comiques.

366 Deux très-grands Bois de Cerf.
Une coste de Baleine.

367 Un fort grand Madrepore à plusieurs branches bien étenduës & tortillées.
Deux grandes Scies ou défenses du Poisson appellé *** l'Espadon.

* Le Rhinoceros est ainsi nommé à cause d'une corne qui lui sort au-dessus des narrines. Il est à-peu-près de la grosseur d'un Eléphant & son ennemi déclaré : il a les jambes plus courtes que l'Eléphant, & la forme de son corps approche de celle du Sanglier, sa langue est couverte d'une peau si dure qu'elle produit le même effet qu'une lime, sur toutes les choses qu'elle lêche : Sa tête est grosse & enveloppée d'un capuchon applati, ce qui lui a fait donner le nom de *Moine des Indes* par les Portuguais. Son corps est couvert de larges & épaisses écailles d'une dureté si extraordinaire qu'elles ne peuvent être entamées par aucune arme ; ce qui rend cet animal un des plus forts & des plus singuliers.

** Cette racine a des formes bizarres dont on se sert pour construire des Figures dans le gout Chinois, en aidant un peu la Nature par le secours de la Sculpture dans les parties du visage, des mains & des pieds que l'on cherche à placer avantageusement, suivant ce que peut produire la forme de chaque racine. Il s'en trouve plusieurs qui réüssissent assez heureusement.

*** L'Espadon est un Poisson monstreux, ainsi nommé par rapport à cette défense ou scie qu'il a au bout du museau, qui est faite en façon d'espadon, ayant des pointes ou dents afilées de chaque côté, & disposées de même sorte que les dents d'un grand peigne. Il se trouve quelquefois de ces défenses de 4. à 5. pieds de long sur 10. pouces de large. Les deux qui sont comprises dans ce Numero, sont des plus grandes. Ce Poisson fait la guerre à la Baleine & il la blesse souvent à mort. Les Pêcheurs le craignent beaucoup, parce qu'il coupe leurs filets avec cette arme.

Deux œufs de Crocodile.

368 Une des plus belles & des plus grandes Cornes de * Narwal que l'on puisse trouver, appellée communément corne de Licorne. Elle porte sept pieds sept pouces de haut. Elle est attachée au bout du mufle d'une tête de Narwal très-bien sculptée en bois, & faite telle que l'on dépeint cet animal.

369 Une aussi belle Corne de Licorne ou de Narwal, que la précédente, attachée pareillement sur une tête très-proprement sculptée, & telle que l'on dépeint celle d'une Licorne. Elle porte sept pieds dix pouces de haut.

370 Une grande Corne d'Ammon.

Deux Plantes pierreuses ou Madrepores de differentes especes.

Une grande branche de Plante Corallhoide ou *Litophiton*, de quatre pieds de haut, sans écorce, de couleur brune, & dont la tige & les branches sont

* Il y a déja du tems que l'on est désabusé de l'erreur dans laquelle on étoit, que cette corne étoit une défense posée sur la tête d'un animal appellé Licorne. Comme il ne s'est trouvé que des Auteurs suspects qui en ayent parlé, sans même avoir pû dire qu'ils en avoient vû, ni le lieu de leur naissance; on a reconnu que ce n'étoit qu'un être imaginaire, autorisé simplement par des oüi-dire & des rapports mal-fondez, & sans preuve; & l'on a enfin découvert par la suite que cette corne étoit la défense dont étoit armé un certain gros Poisson appellé Narwal, qui s'en sert pour attaquer ou pour se défendre contre les plus grosses Baleines, & qui se trouve communément dans la Mer du Nord vers les Côtes d'Islande & de Groenlande. Cette corne est très-pesante, dure, luisante, blanche, tortillée ou de figure spirale, creuse en-dedans, diminuant avec proportion depuis sa racine jusques à sa pointe, & ressemblant à de l'yvoire. Il est extrêmement rare d'en trouver d'aussi belles & d'aussi grandes que les deux qui sont dans ce Cabinet.

plates & épineuses sur les côtés. Ces épines ou pointes aiguës sont régulierement placées d'espace en espace. Ces quatre morceaux sont montez sur des pieds de bois peint en marbre.

371 Un très-grand & singulier Champignon de Mer, relevé dans son milieu par une forte éminence, sous laquelle se trouve en-dedans un Pédicule creux, long d'un pouce & demi, semblable à nos champignons de terre : ce qui rend ce morceau fort curieux.

372 Une grande Plante Corallhoide des plus curieuses, des plus rares & des plus interessantes qui soient dans ce Cabinet, tant par sa grandeur que par sa nature, & que l'on trouve très-difficilement d'une si grande forme. Elle porte vingt-quatre pouces de haut sur treize pouces de large. On l'appelle *Corallum Geniculatum.* Le Coral Articulé. Elle forme deux branches principales partant d'un même tronc auquel elles se réunissent. L'écorce qui en est blanchâtre, dure & raboteuse, couvre ses branches rondes, separées par des nœuds noirs, de distances en distances égales & proportionnées suivant la diminution de sa branche, depuis le bas jusques à sa tige, & dont les ramifications en nombre s'étendent en espalier. Elle est montée sur un pied de bois marbré.

373 Un assemblage singulier de differens grands Jets de cristal, de forme Hexagone, bizarement placés par la nature les uns sur les autres, & monté pareillement sur un pied de bois marbré.

374 Un très-gros Jet de cristal, de forme Hexa-

gone, terminé en pointe, non moins beau & moins singulier que le précédent. Il porte neuf pouces de haut sur quatre pouces de diametre: Il est fort transparent; & ce qui en augmente de beaucoup le mérite, est que son intérieur est rempli depuis le bas jusques en haut de fragmens de substances étrangeres de différentes natures, comme bois, pailletes, mousses, &c. qui s'y sont trouvées renfermées dans le temps que sa substance étoit molle, & s'y sont conservées dans leur premier état. Ce morceau est monté ainsi que les précédens sur un pied de bois peint en marbre.

375 Deux très-grands Madrepores panachez à plusieurs feuilles blanchâtres & percées naturellement de toutes parts de petits trous qui rendent cette Plante spongieuse. Ils ont chacun un pied de hauteur sur un pied & demi de largeur dans la partie la plus forte de leur épanouissement. Ils sont parfaitement bien conservez, & ce sont les plus beaux morceaux en ce genre qui soient connus ici & dans la Hollande, d'où je les ai apporté il y a quelques années, ainsi que les deux suivans. Ils sont montez tous deux sur un pied de bois noirci.

376 Deux autres belles Plantes pierreuses bien panachées, de même genre, mais de differentes especes & aussi recommandables que les précédentes. Elles portent chacune quinze pouces de haut sur un pied & demi d'étenduë dans leur largeur. L'une est à grandes feuilles blanchâtres, faites en forme de fraize de Veau. L'autre est aussi à grandes feuilles

travaillées à jour, & dentelées, ou à frange dans leurs extrêmités. Toutes deux montées sur des pieds de bois marbré.

377 Un autre Rocher métallique pareil à celui dont nous avons fait mention ci-dessus, monté sur un pied de marbre Octogone & placé sous une cloche de cristal, couverte d'un Berceau qui forme une espece de Salon de verdure, ouvert par les quatre côtés, & terminé par un Dome enrichi de verdures & de fleurs artificielles. Il est l'ouvrage du même Chimiste Allemand.

378 Deux beaux Madrepores d'especes differentes, dont un des deux a la singularité de se trouver joint avec quelques Plantes molles ou Eponges de Mer qui ont pris racine & jetté leurs branches dans un passage qu'elles ont fait au-travers de ce Madrepore.

Une grande Plante Corallhoide ou *Litophiton* de quatre pieds de haut, sans écorce, & dont la tige & les branches sont plates, avec des épines sur les côtés, régulierement placées d'espace en espace. Il est monté sur un pied de bois peint ainsi que les deux précédens.

379 Un très-grand *Litophiton* bien panaché, attaché sur son rocher, & dont les branches sont faites dans le gout d'un Palmier. Morceau fort beau & singulier.

380 Un Calumet de paix garni de sa pipe de caillou.

Une grande Nageoire de Poisson.

Un Ecran Chinois.

Un grand Pied * d'Elan.

* L'Elan est un animal à quatre pieds & à cornes,

381 Une Boule de marbre de Florence, de sept pouces & demi de diametre, dont les caracteres & les figures tracées par la Nature sur sa superficie, approchent assez de celles que nous appercevons ordinairement sur une Mappemonde: ce qui rend cette piece singuliere & recommandable. Elle est montée sur un pillier de bois de Poirier noirci, à filets, consoles & agrafes de cuivre.

382 Un très-gros & très-beau Madrepore, rond comme une boule, d'un pied & plus, de diametre, en forme de Chou-fleur, & monté sur un pied de bois marbré.

383 Quatre Morceaux, dont entr'autres:

sauvage, de la taille d'un Cheval, qui participe en beaucoup de choses du naturel du Cerf; il est barbu & garni de longs poils depuis le haut de la tête jusques aux épaules. Sa tête est grosse ainsi que ses levres, ses yeux étincelans, ses oreilles longues & larges, ses cornes figurées comme celles du Daim; la femelle n'en porte point, il est en cela semblable aux Biches; sa queuë est fort petite, ses jambes longues & menuës, ses pieds noirs, ses ongles fenduës comme ceux du Bœuf. Il est sujet à tomber dans l'épilepsie, & l'on prétend qu'il s'en guérit en se fourrant l'ongle du pied gauche dans l'oreille; ce qui le fait préferer au droit, & qui a donné lieu de croire que l'ongle de ce pied est un remede souverain contre ce mal: Mais beaucoup traitent cette vertu de fable, ainsi que nombre d'autres proprietés que l'on attribuë souvent à des choses, sur lesquelles on n'a jamais trouvé de témoins authentiques qui ayent pû assurer leurs effets, mais qui ne laissent pas néanmoins de conserver leur réputation auprès des uns, tandis que les autres les rejettent & les mettent au rang des erreurs populaires. Olaus, certain Auteur Allemand qui a parlé de l'Elan, dit, en badinant, qu'il faut que ce soit l'ongle du pied droit, en-dehors, que cet animal mette dans son oreille pour se guérir de l'épilepsie; ce qui étant impossible, fait assez voir qu'il n'ajoutoit pas grand foi à cette vertu. L'Elan se trouve en Pologne, en Suede, en Prusse, en Norvege, mais il est encore plus fréquent dans le Canada.

Un gros morceau de Rocher d'environ deux pieds de long, garni dans toutes ses parties de differentes Plantes pierreuses.

Un *Litophiton* attaché sur son rocher.

Une grande Coste de * Lamentin, &c.

384 Deux monstreuses Têtes de Vaches Marines dissequées & garnies tant de toutes leurs dents machelieres, que de celles qui leur sont extérieures. Ce sont deux morceaux très-rares à trouver, sur-tout aussi-bien conditionnez que ceux-ci le sont.

385 Un très-beau Branle Chinois d'une condition parfaite.

386 Quatre Instrumens Chinois, singuliers, dont entr'autres un Tambour qui est fait de peau humaine.

* Le Lamentin est un des gros Poissons de l'Amerique, long quelquefois de 15. ou 16. pieds, sur 5. ou 6. de diametre. Il est aussi connu sous le nom de Vache Marine, ou Veau Marin qui lui a été donné à cause de la ressemblance qu'il a avec cet animal, par le museau. C'est un des meilleurs Poissons pour la nourriture: sa chair approche assez du gout de celle du Veau ou du Ton, mais elle est plus ferme. Il a le corps fait comme celui d'une Baleine jusques à la queuë, qu'il a ronde, au-contraire des autres Poissons; ses yeux sont fort petits, ainsi que ses oreilles qui ne paroissent presque point, quoiqu'il soit néanmoins un des Poissons qui ait l'oüie la plus fine. Les femelles ont deux mamelles qui ne different point en situation, grandeur, grosseur & figure de celles des femmes noires de l'Amérique: elles mettent bas leurs petits & les alaitent comme les Vaches, en les portant toujours avec elles jusques à ce qu'ils soient en état de se nourrir eux-mêmes; ce qu'elles font en se servant des deux pates qu'elles ont pardevant, au-lieu de nageoires: Ces pates ne sont cependant pas assez fortes pour porter le poids de leurs corps, ce qui les oblige de ramper & de se trainer sur les bords de la Mer, ou autour des rochers pour aller prendre leur nourriture en broutant l'herbe qui s'y rencontre.

387 Un Bouclier Chinois.

Une peau de Tigre qui ſert de couverture aux Indiens quand ils veulent s'armer.

Deux Arcs avec pluſieurs Fleches.

Un Carquois.

Deux Bonnets de plumes.

388 Pluſieurs autres Pieces a l'uſage des Indiens ou Chinois, dont entr'autres :

Deux jolies paires de pantoufles ou Pabouches, brodées en or & en argent.

Un Soulier de Dame Chinoiſe.

Une Paire de Bas, un Tablier & une Ceinture, le tout fait d'écorce d'arbre.

Pluſieurs Bonnets de paille & de plumes, avec pluſieurs autres uſtenſiles à l'uſage des mêmes Indiens.

389 Une Ecuelle de bois, ſculptée, très-curieuſe & fort ancienne.

390 Une belle & grande Pipe ſinguliere, ayant un tuyau de près de ſix pieds.

Un Arc & un Carquois.

391 Neuf Morceaux, auſſi a l'uſage des Chinois ou Indiens, ſçavoir :

Deux Pipes particulieres.

Deux Maſſuës.

Quelques Cuillieres, &c.

392 Un Serpent monſtreux, empaillé, de près de quinze pieds de long.

393 Un autre Serpent empaillé, de ſix pieds.

Un * Crocodile d'environ cinq pieds.

Deux Poiſſons appellés Porc-épics.

* Le Crocodile eſt le plus grand de tous les Lézards ; il eſt amphibie ; couvert d'une peau dure & écailleuſe ; ſa tête eſt large & porte un muſeau de Cochon ouvert juſqu'aux oreilles, ayant en-dedans des dents canines, rondes, pointuës, cannellées & tranchantes ; ſes pieds ſont armez de grifes aiguës ; ſa queuë eſt fort longue. Les

394 Un autre Crocodile d'environ six pieds.

Deux grosses Tortuës.

Un Poisson appellé l'Espadon, armé de sa scie, & portant environ cinq pieds depuis le bout de sa scie ou défense, jusques à l'extrêmité de sa queuë.

395 Un Poisson singulier d'environ six pieds de long, appellé le Marteau, à cause de la forme de sa tête qui ressemble parfaitement à cet Instrument.

Un petit Faon de Baleine de même grandeur.

396 Un grand & magnifique corps de Boiserie du plus beau bois de Hollande verni, qui renferme la plus grande partie des curiosités de ce Cabinet. Il est composé de cinq Armoires à jour, ceintrées par le haut, ouvrante chacune à deux batans, dont trois de ces Armoires forment un corps de face, & les deux autres sont en retour des deux côtés; de six pilastres tant convexes que concaves, dispersez également entre les Armoires, dont deux sont à jour & les quatre autres sont pleins; D'un bas d'Armoire régnant autour & faisant un corps en avant, bombé en forme de Tombeau, qui contient cinq Armoires Oblongues & à jour, & six pilastres pleins, dont deux sont unis & les quatre autres sont cannellez. Au-dessous de chacune de ces cinq Armoires Oblongues, il y a quatre

plus gros se trouvent en Amérique, aux environs de Panama. On prétend qu'on en a vû de cent pieds de long. Ils vivent de Poisson & sont très-friands de chair humaine, ce qui rend cet animal très-dangereux. Ils pondent leurs œufs comme les Tortuës. On ne peut les prendre qu'avec des hameçons de fer, leur peau étant si dure qu'elle ne peut être percée par aucune arme.

Tiroirs. Les grandes Armoires sont ornées par le haut de cartouches accompagnez de divers ornemens de sculpture, ainsi que les portes qui sont entourées de Serpens entrelassés, & chaque Pilastre est terminé dans le haut par une console, disposée pour recevoir des Bronzes ou des Porcelaines. Le tout sculpté avec une propreté & une délicatesse admirable.

Toutes ces Armoires à jour tant grandes que petites sont garnies de vingt-neuf glaces, dont il y en a vingt-quatre pour le haut, sçavoir: Quatre de 38. pouces sur 21. Quatre de 36. pouces sur 21. Quatre autres de 38. pouces sur 22. Six de 36. pouces sur 22. Deux de 43. pouces sur 22. Deux de 34. pouces sur 9. & deux de 33. pouces sur 9. Ces quatre dernieres sont pour les deux Pilastres à jour. Les cinq autres Glaces employées au bas d'Armoire sont, deux de 47. pouces sur 14. Deux de 45. pouces sur 14. & une de 48. pouces sur 14. Tout cet assemblage peut former une des plus belles Bibliotheques qui soient connuës, & très-facile à placer tant pour la hauteur que pour la largeur, portant onze pieds quatre pouces depuis le bas jusques au haut du ceintre de chaque grande Armoire, seize pieds deux pouces de face, & six pieds cinq pouces pour chacune des deux Armoires de retour. Ce morceau est un des plus beaux que l'on puisse exécuter en ce genre, & passera toujours auprès des Connoisseurs pour un chef-d'œuvre de Menuiserie.

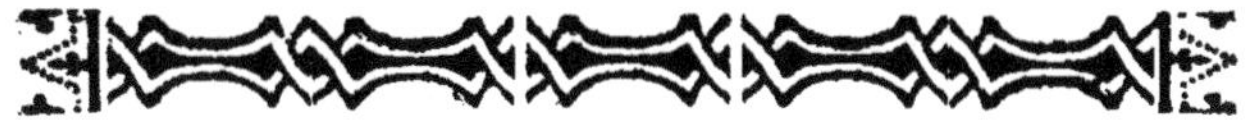

CABINET DE MECANIQUE & de Physique.

CE Cabinet eſt celui qui eſt le plus récréatif pour l'eſprit & pour les yeux, puiſque tout ce qui le compoſe inſtruit en même tems qu'il amuſe. Il renferme en Mécanique & en autres ſciences de Mathématique pluſieurs morceaux de conſequence faits avec une préciſion admirable, établis tant ſur des principes connus, que ſur des ſyſtêmes particuliers & nouvellement imaginez, ayant tous rapport aux forces mouvantes & à differentes autres parties des Mathématiques. Ces machines ſont exécutées en bois, en cuivre, ou en fer, & elles ont été la plûpart conſtruites, rétablies, ou perfectionnées par les ſoins du ſieur Magny, qui doit être regardé comme celui qui a formé ſous les ordres de feu M. de la Moſſon ce Cabinet en entier, pendant près de dix années qu'il a paſſé chez lui; il y en a nombre qui ſont de ſon invention, & elles ſont toutes finies avec tout le ſoin & toute l'attention dont il eſt capable. On connoîtra facilement à la vûë de ces machines avec quelle préciſion & quel ſcrupule il finit tout ce qui ſort de ſes mains. Cet excellent Artiſte ne s'en tient point ſervilement à la main d'œuvre, & chez lui l'imagination a le pas ſur le mérite & l'exactitude de l'exécution : avantages que l'on trouve rarement réunis dans un même Sujet.

Je crois rendre ſervice aux Amateurs en les inſtruiſant d'une découverte précieuſe que le ſieur Magny vient de faire tout récemment ſur les Bouſſoles, qu'il a ſçû rendre fixes & propres à faire des expériences certaines & ſolides , & ſur leſquelles il vient de recevoir l'approbation de Meſſieurs de l'Académie Royale des Sciences , qui ont été ſi vivement perſuadez de la bonté & de la certitude de ces Bouſſoles, qu'il lui a été ordonné d'en faire pluſieurs pour l'uſage de cette Académie. On ſent à merveille la conſequence d'une pareille découverte qui doit être par la ſuite d'une grande utilité pour la navigation & pour nombre d'expériences que l'on ne pouvoit faire qu'à tatons. Voici une deſcription abregée de cette Bouſſole :

Il eſt néceſſaire de ſçavoir que les Aiguilles aimantées que l'on a mis en expériences juſques à préſent , ont eu preſque toutes pluſieurs défauts eſſen-

tiels

tiels : elles avoient premierement beaucoup d'irrégularités & d'incertitudes entr'elles : ſecondement, en retournant les Eguilles bout pour bout, l'on a toujours apperçû des differences plus ou moins grandes dans les unes que dans les autres ; par exemple, une Bouſſole d'inclinaiſon ordinaire poſée dans le Méridien magnetique, & le point de quatre-vingt-dix dégrés poſé bien perpendiculairement à l'horizon, ſon Eguille pour lors marquant d'un côté ſoixante & dix dégrés, en la retournant du côté oppoſé en donne ordinairement ſoixante & douze ou ſoixante & quatorze plus ou moins : ce qui donne lieu de croire que de toutes les expériences que l'on a pû faire juſqu'ici, on ne peut raiſonnablement compter ſur aucune, à cauſe de cette variation. Dans celle-ci toutes les difficultés ſe trouvent détruites ; en voici la preuve par l'expérience que l'on en fait. Ayant donc obſervé avec une Bouſſole horizontale ordinaire le Méridien magnétique, & ayant poſé cette nouvelle Bouſſole d'inclinaiſon ſur ſon pied, le point de quatre-vingt dix degrés, avec le centre de l'Eguille, étant tous deux dans la Ligne verticale, on met l'Eguille en mouvement avec une petite lame aimantée : enſuite on attend qu'elle ait pris sa direction naturelle; pour-lors elle marquera des degrés tels que la disposition du Magnétisme exigera pour le lieu de l'observation : comme, par exemple, soixante & douze degrés. Si l'on retourne cette Boussole de façon que le côté qui regardoit le Nord, soit au Sud, l'on trouvera également soixante & douze degrés. Qualité qu'aucunes de ces Boussoles n'a eu jusques à présent, ainsi que celles de se rapporter intimement entr'elles, en marquant toutes exactement & précisément la même quantité de degrés, ce qui constate & assure sans replique, toutes les expériences que l'on en peut faire. Le principe sur lequel le sieur Magny a travaillé les Eguilles de ses Boussoles, lui est unique & particulier. Il est sûr, par la maniere dont il les fabrique, de leur donner à toutes jusques à l'infini le même degré, sans qu'elles puissent être sujettes à la moindre variation, & il a intention d'en instruire le Public dans quelque tems.

Ce n'est point ici le lieu d'entrer dans une plus longue description de cette Boussole; il suffira seulement de dire, que la délicatesse de l'exécution en est admirable, & que le favorable accueil que Messieurs de l'Académie ont fait tant à l'instrument qu'à l'auteur, font beaucoup mieux leur éloge, que les termes les plus énergiques dont je pourrois me servir.

Le sieur Magny travaille actuellement, par l'ordre de la même Académie, a construire une autre Boussole, dans laquelle seront réünis les deux usages, qui sont de donner, par le même instrument, l'inclinaison & la déclinaison de l'Eguille aimantée, pour chaque lieu où l'on expérimentera. On a tout lieu de croire que cette piece sera unique & singuliere, tant par la liberté & la sûreté de ses effets, que par sa construction qui sera des plus simples, & très-délicatement travaillée.

J'espere que l'on voudra bien me pardonner cette petite digression, dans laquelle je ne suis entré que pour tâcher de faire connoître au Public un Artiste aussi habile & aussi éclairé, en lui rendant en même-tems la justice qui lui est dûë, ainsi qu'à ses ouvrages, & en particulier, au mérite reconnu de cette nouvelle découverte; ce qui ne peut contribuer qu'à donner un préjugé favorable sur toutes les Machines que renferme ce Cabinet; puisque, comme je l'ai déja dit, elles sont presque toutes sorties de ses mains en qualité d'Inventeur de Conſtructeur ou de Réformateur.

Ce Cabinet comprend de plus, nombre de jolis Problêmes tant pour la Mécanique, la Statique, l'Arithmétique que pour la Géometrie des Solides. Plusieurs Inſtrumens à l'uſage de l'Optique, comme Miroirs, Microſcopes, Teleſcopes, Binocles, Lunettes, Cylindres, Verres ardents, &c. Quelques Machines d'Optique, curieuſes & auſſi ingénieuſement imaginées qu'agréablement exécutées. Une Machine Pneumatique avec toutes ſes dépendances propres à faire les expériences de l'air & du vuide. Pluſieurs Pendules d'une conſtruction particuliere, & dont les effets ſont très-étendus & multipliez. Un grand nombre de morceaux d'Artillerie en fonte, avec les inſtrumens qui ſont à leur uſage. Quelques Ouvrages en relief tant pour l'Architecture civile que militaire, très-proprement finis. Des armes anciennes & ſingulieres. Pluſieurs Inſtrumens de Mathématique & autres, ſervant à l'Aſtronomie, ainſi qu'à la * Gnomonique & à la Geographie. Des Globes céleſtes

* La Gnomonique eſt une Science qui enſeigne à trouver la juſte proportion des ombres pour la conſtruction de toutes ſortes de Cadrans au Soleil & à la Lune, & pour connoître les heures par le moyen des ombres & d'un inſtrument qui les marque, auquel on donne le nom d'un Stile ou d'un Gnomon.

& terrestres de differens Auteurs & Diametres. Des Pierres d'Aimant, naturelles & artificielles. Des Modeles de Vaisseaux & de Galeres. Des Figures Indiennes avec leurs habillemens, & enfin quelques autres morceaux de curiosités de differens genres, dont on trouvera ci-après le détail, selon la maniere dont ils sont rangez dans les Armoires & dans d'autres lieux.

Dans le premier grand Corps de Tabletes.

397 Treize differens Problêmes de Mécanique dont plusieurs servent à faire des démonstrations tant sur la Mécanique que sur la Statique. Le tout proprement fait & fini. Ils seront vendus ensemble ou separez au gré des Encherisseurs. En voici la description & l'usage:

Premier Problême.

Ce sont deux Plans inclinez à l'horison, chacun de la même quantité de degrés, quelconques: Lesquels Plans portent dans leur commune section une poulie d'un diametre proportionné à ceux de deux Globes de marbre noir de même poids, retenus chacun par un cordon qui leur est commun. Le cordon étant mis dans la rénure de la poulie, il se trouve pour-lors un globe ou poids de chaque côtés. Ce Problême sert à démontrer que deux corps Homogenes & d'égales capacités, demeureront toûjours en équilibre en quelques lieux qu'ils se trouvent, étant placez sur des Plans égaux.

Second Problême.

Celui-ci est un seul Plan incliné, ou la moitié du précédent; ce qui forme un Triangle * rectangle dont ** l'Hypotenuse est le Plan incliné; à l'extrêmité du Sinus, est une poulie dont le diametre est proportionné à celui du corps ou poids qui est porté sur ce Plan incliné: L'autre poids n'ayant besoin d'autre proportion que celle qui peut le faire équilibrer au premier, quoique dans une situation perpendiculaire à l'horison: Bien entendu que les deux poids sont tenus ensemble par un cordon, ainsi que dans le précédent, & comme la piece le démontre. Toute cette disposition est faite à dessein de prouver que plus l'inclinaison d'un Plan sera grande, plus le poids qui agit sur ce Plan aura besoin de force pour équilibrer l'autre poids qui agit perpendiculairement: Par la même raison, moins le Plan sera incliné, moins aussi le poids placé sur le plan aura besoin de force supérieure à l'autre: desorte que si l'inclinaison est à zero, le poids qui agissoit sur le plan, agiroit pour-lors perpendiculairement: en ce dernier cas, sa pesanteur égalera l'autre poids qui agit

* Le Triangle rectangle est celui qui a un angle droit & les deux autres aigus.

** L'Hypotenuse est un terme de Géometrie qui signifie le plus grand côté d'un Triangle rectangle.

auſſi perpendiculairement. D'où l'on peut conclure que dans ce Problême, les deux poids y étant en équilibre, la raiſon de la ſupériorité du plus gros au plus petit, doit être en conſequence du Plan, plus ou moins incliné. L'on pourroit tirer ſur ces deux Problêmes une infinité de conſéquences; mais ce n'eſt pas ici le lieu. Il me ſuffit d'en donner ſeulement une notion aux Acquereurs.

Troiſiéme Problême.

Ce Problême eſt pour démontrer l'effet du Levier, par l'application qui en eſt faite aux rouës & pignons, quoiqu'il opere par des cordes, au-lieu de denture.

Quatriéme Problême.

Celui-ci eſt fait ſimplement pour démontrer l'effet d'une Mouſle triplée.

Cinquiéme Problême.

Ce Problême eſt pour démontrer que les deux poids qui y ſont attachez peuvent toujours ſe trouver en équilibre, à quelque hauteur qu'on les éleve. Il prouve en même tems que le préjugé commun que l'on a, que pour multiplier les forces, il ne s'agit que de multiplier les poulies, n'eſt pas toujours vrai.

Sixiéme Problême.

Il démontre l'effet d'une Mouſle, par une diſpoſition de poulies, differente de la maniere ordinaire.

Septiéme Problême.

Ce Problême eſt fait ſur le même principe que celui du cinquiéme.

Huitiéme Problême.

Ce Problême en renferme deux très-intéreſſans pour la Mécanique. Le premier démontre la proportion d'une fuſée avec la force élaſtique des reſſorts. Perſonne n'ignore que la conſequence de ce Problême a fourni une des grandes perfections de l'Horlogerie. Sur le même ſupport eſt établi un ſecond Problême ſuivi du même principe. L'effet des poids de ce dernier eſt analogue à l'effet du reſſort de l'autre.

Neuviéme Problême.

Un Support portant auſſi deux Problêmes qui dérivent du principe de la Mouſle, dont les parties qui les compoſent ſont tellement diſpoſées, que l'on en peut tirer pluſieurs conſequences avantageuſes.

Dixiéme Problême.

Autre Problême dirigé auſſi ſuivant le principe de la Mouſle; mais d'une autre diſpoſition ſinguliere.

Onziéme Problême.

Celui-ci eſt fait ſur un Syſtême particulier.

Douziéme Problême.

Une Mouste à l'ordinaire.

Treiziéme Problême.

C'est une Balance appuyée, ou Levier dont l'usage est fait à dessein de démontrer que les deux poids de cette Balance different entr'eux en consequence des longueurs dissemblables des Bras ou Leviers.

398 Un très-joli Modele de Cric inventé par M. de la Garouse & très-proprement fini, avec son Bloc de marbre. Il est répésenté de deux manieres differentes. La premiere est un Rochet avec un grand Levier double garni de deux Paletes mobiles. Le second est une Cremaillere en place de Rochet; cette seconde maniere dérive toujours du même principe que le précedent.

399 Un fort beau Modele de Moulin à moudre du grain, d'une nouvelle invention & qui opere par le secours d'un Cheval qui en fait agir les meules. Il a dix-huit pouces de Base, en quarré, sur environ un pied de haut.

Ce Modele a été présenté à l'Academie des Sciences, il y a quelques années. Son Auteur est un Charpentier Flamand, nommé Collier, qui ne croyoit pas moins que d'avoir trouvé à détruire, ce que l'on regarde comme un axiome dans la Mécanique, qui est que : *Quand on gagne en force, on perd en vitesse ;* & réciproquement que : *Quand on ga-*

gne en vitesse, on perd en force. La prétention de cet Auteur étoit fondée sur ce que dans cette construction, il se trouve deux roues de même nombre & de même diametre, placées sur le même axe, dont l'une fait deux tours, pendant que l'autre n'en fait qu'un : C'est ce qui le portoit à croire qu'il gagnoit en force & en vitesse. Quoiqu'il en soit, cette construction est fort séduisante pour ceux qui ne sont pas fermes en Mécanique ; & malgré que cette machine ne réponde pas tout-à-fait à l'intention de son Auteur, le sieur Magny a pensé qu'on en pouvoit faire dans l'occasion quelques applications heureuses. C'est ce qui l'a engagé à faire exécuter ce Modele qui est fini avec soin.

400 Un autre Modele d'un Cric à l'ordinaire garni d'une roue de cuivre, d'une lanterne & d'une manivelle avec son Bloc de marbre.

401 Un Jeu de trois Dez dont le mouvement agit par des ressorts que l'on tire des deux côtés avec des cordons. Il est fait à dessein d'éviter le bruit ordinaire qui accompagne ce jeu. Il est monté sur un pied d'écaille garni de bronzes dorez d'or moulu. Il est démontré que le hazard est aussi varié dans les nombres que ces Dez amenent, en tirant le cordon qui fait mouvoir les ressorts, que quand ils sont agitez dans un cornet, ou poussez par la main : ce qu'il est facile de prouver, quand on sçaura que les nombres des roues qui se meuvent, ne sont point rentrans, & que d'ailleurs il y a un des Dez qui est mobile sur son axe ;

ce qui eſt ſuffiſant pour interrompre tous les coups que l'on voudroit étudier. Néanmoins je douterois que quelqu'un voulût riſquer à perdre gros à ce jeu. Cela fait une très-jolie piece de curioſité plûtôt que d'uſage.

402 Le Modele d'un projet imaginé à deſſein de faire ouvrir une porte d'elle-même, par le moyen de pluſieurs reſſorts; on y voit un Suiſſe qui agit & change d'attitudes, par le mouvement des mêmes reſſorts.

Ce Modele eſt une ſimple idée d'un Projet que le ſieur Magny avoit imaginé, au ſujet d'un Suiſſe artificiel qui devoit ouvrir une porte, faire le ſalut de la hallebarde, & refermer enſuite la porte après que la Compagnie ſeroit entrée; ce qui auroit été exécuté à la porte de ce Cabinet de Mécanique.

403 Une belle Pendule aſtronomique renfermée dans une boëte & poſée ſur un pied, le tout garni de bronzes dorez d'or moulu; elle marque les heures aſtronomiques à la Françoiſe & à l'Italienne, les jours du mois, les Saints du Calendrier, & elle repete l'heure d'elle-même à chaque quart. Elle porte un aſtrolabe dans le milieu de ſa quadrature, garni de ſon araignée, avec la tête & la queuë du Dragon. Cette Pendule a été faite en Allemagne; elle eſt extrêmement curieuſe, par rapport à la quantité d'objets qu'elle renferme. Le ſieur Magny y a fait l'application d'une Pendule, en place du balancier qui y étoit, d'une ſonnerie toute neuve, ainſi que d'une partie du rouage du mouve-

ment; ce qui la rend d'un fort bon usage.

404 Un très-joli Modele de lit, propre à servir a un Paralitique, accompagné de ressorts qui servent à élever le malade tout couché, pour donner la facilité de pouvoir faire son lit sans l'incommoder. Projet qui a déja été exécuté, mais differemment, en ce que celui-ci n'est point garni de montans de bois ou quenouilles au pied, & que tous les ressorts & toute la force se trouvent réunis à la tête de ce lit, sans qu'il y ait de point d'appui à l'autre bout. Il est muni ainsi qu'un véritable lit de toutes les pieces ordinaires & convenables; le tout très-proprement & très-regulierement fait, comme de son chassis sanglé, de son ciel, ses rideaux, ses bonnes graces, sa housse, sa courte-pointe de Satin & de Taffetas, &c. Le Malade se trouve couché dedans, & habillé convenablement à son état. Ce lit est posé sur un pied-d'estal de bois de chêne verni, à porte-ouvrante, & garni d'une glace. Ce modele est exécuté en entier par le sieur Magny, qui prétend qu'on peut l'établir en grand, selon cette construction, avec toute la solidité nécessaire.

405 Une très-belle Machine toute de cuivre poli, de vingt-six pouces de haut sur treize pouces de large, garnie de ressorts convenables, & faits à dessein d'observer les effets que le chaud & le froid, le sec & l'humide, font sur les ressorts des Montres & des Pendules. Cette machine, à ce que l'on dit, est de l'invention du feu Pere Sebastien de l'Académie Royale des Sciences; elle est fort ingénieuse,

ingénieuse, quoique simple. Celle-ci est exécutée par le sieur Magny, & finie avec beaucoup de soins.

406 Un petit Modele de Roüe de Carrier, faite sur un principe ordinaire.

Celui d'un * Vindas, aussi ordinaire.

Un Problême de Statique, fait pour démontrer differentes proprietés du Levier simple.

Deux Modeles de traineaux d'une construction differente, quoique sur le même principe, & portant des rouleaux, ce qui n'est pas ordinaire.

407 Une Vis d'Archimede de seize pouces de haut, d'une construction singuliere, par rapport à ses effets qui se font perpendiculairement à l'horizon, en faisant monter une balle intérieurement, jusques au haut de cette Machine, par le moyen d'une manivelle attachée à son pied-d'estal, sans pouvoir en connoître le principe qui se trouve renfermé & caché dans le corps de la Vis. On a déja vû des Vis d'Archimede produire le même effet; mais d'une construction & sur un principe different à celle-ci, qui est beaucoup plus simple. Elle est du sieur Magny.

408 Une très-jolie Machine servant à polir des verres : Elles a dix pouces de long, cinq pouces & demi de large & environ dix pouces de haut : Elle est garnie de roüës, arbres, Plate-formes, molettes, manivelle & chassis pour placer les verres : Le tout de cuivre & d'acier, très-proprement executé & monté sur une

* Le Vindas est une machine qui sert le plus souvent à remonter des Bateaux.

carcaſſe de bois, ayant de plus un tiroir dans le bas. Cette Machine eſt de l'invention de M. de Parcieux Maître de Mathématique ; elle a été preſentée à l'Académie il y a quelques années, après avoir été exécutée en grand : elle eſt fort ingénieuſe. Son principal objet eſt pour travailler les objectifs des grandes Lunetes. Celle-ci eſt l'ouvrage du ſieur Magny qui l'a perfectionnée, en faiſant décrire aux molettes des cercles parfaits, au lieu que dans l'Original, elles ne décrivoient que des élipſes ou ovales irréguliers. Ceux qui ſçavent les Mécaniques par principes jugeront facilement du mérite de cette piece, la Théorie en étant fort bien imaginée, mais trop longue pour pouvoir être inſerée dans ce Catalogue.

409 Un des plus agréables morceaux de ce Cabinet. Il donne le modele exact en relief, de la Machine qui a été conſtruite pour l'élevation des deux fameuſes pierres qui ont été placées au fronton du periſtile du Louvre, avec la répréſentation en élévation de la façade de ce periſtile, de la colonade & de la gallerie qui forment le corps entier de ce riche Bâtiment, qui eſt regardé comme un chef-d'œuvre en ce genre, & qui fait face à l'Egliſe de Saint Germain de l'Auxerrois. Cette répreſentation eſt faite en carton, & porte plus de quatre pieds de long ſur quatorze pouces de haut. La planche ſur laquelle le tout eſt élevé, porte un pied de profondeur, ſur le devant de laquelle on voit nombre de pierres taillées de formes differentes &

plus finies les unes que les autres, ainsi que cela se trouve ordinairement dans de pareils Ateliers.

L'Architecture en carton de cette piece, est du sieur Maréchal. La Machine en bois est de feu Monsieur de Clermont, ci-devant Officier dans les Mousquetaires. Il y a aussi plusieurs pieces dans ce qui forme l'Atelier, qui sont du sieur Magny.

Il est bon d'observer que le grand point du mérite de cette Machine n'a point existé seulement dans sa construction, ni par rapport à la grande pesanteur de la pierre, mais bien dans le grand ordre que l'on a dû tenir dans le moment de l'opération. Ceux qui sont familiers avec les loix des Mécaniques, sentent bien à l'aspect de cette Machine, que toute la difficulté de cette opération ne dépendoit que de l'accord des treuils & des cordages; sans quoi, la rupture s'en seroit nécessairement suivie.

Personne n'ignore que nous avons cette belle Machine gravée par le fameux Sebastien le Clerc, & qui est connuë sous le nom de la Pierre du Louvre.

410 Un très-joli Carillon, dont les tons sont extrêmement justes, joüant seul douze airs differens. Il est renfermé dans une boëte de bois de Cayenne très-propre, garnie de verre blanc.

Ce Carillon est de la construction du sieur Enderlin, l'un de ceux qui ont le mieux possedé l'art de les faire justes & exacts. Il se peut appliquer à telle Pendule que ce puisse être, pourvû que la place le permette.

411 Un Morceau fort amusant, qui répresente au naturel le bout d'une ruë de Paris, depavée; la façade d'une maison à porte-cochere, & le devant d'une autre maison à Boutique, chacune à un étage, le tout fait de carton & de relief, avec tous les outils nécessaires à un Paveur, travaillez avec une propreté extraordinaire. La répresentation en carton est du sieur Marechal, & les outils de Paveur sont du sieur Barge.

412 Quatre Chaînes de bois à differens anneaux très-proprement & très-artistement évidez; elles sont prises chacune dans un seul morceau de bois; l'on peut regarder ces quatre morceaux comme des chef-d'œuvres de patience.

413 Trois Bras artificiels, garnis de leurs mains, agissant tous trois par des ressorts, & faisant les mêmes fonctions d'un bras naturel; le premier sert pour un bras coupé au poignet; le second pour un bras coupé au coude, & le troisiéme pour un bras coupé à l'épaule; ces trois pieces curieuses sont du Pere Sebastien: On sçait assez les prodiges qu'il a fait en ce genre.

414 Un fort joli Modele d'une Machine inventée par le Pere Sebastien, & exécutée par le sieur Magny; son principal objet est d'aider à transplanter facilement des arbres dans les Parcs, où d'un lieu à un autre; elle est garnie d'une cuve propre à soutenir les terres & à certir les racines, de poulies, tourniquets & autres ferremens qui servent à contenir la Machine en état avec solidité.

415 Un autre Modele très-ouvragé d'un nou-

veau Moteur particulier, imaginé & proposé pour faire agir les Pompes du Pont Notre-Dame, faisant ses effets sans roues, rouets ni lanternes, mais simplement avec deux balanciers.

Ce Moteur est de l'invention de M. de Parcieux; il a été approuvé par Messieurs de l'Académie Royale des Sciences. Le but de l'Auteur a été de prévoir à la grande dépense que la construction ordinaire exige, ce qui n'arrive que par les grands frotemens & leur quantité que les roüets & les lanternes à fuseaux occasionnent: or dans cette nouvelle construction on supprime toutes ces pieces, ce qui ne peut procurer qu'une plus grande force & une plus grande durée que ne fait la méthode commune; ce Modele est de l'exécution du sieur Magny,

1416 Un Modele en bois extrêmement fini & exact, de la fameuse Machine qui a été faite par ordre de Sixte V. pour élever le grand Obelisque qu'il a fait placer devant l'Eglise de S. Pierre de Rome, avec tous ses moufles, poulies, cordages & autres pieces qui en dépendent, & aussi avec le modele d'un Obélisque en marbre. Ce morceau est un des plus beaux de ce Cabinet; toutes les pieces qui y étoient exécutées en fer le sont pareillement de même matiere dans ce modele, & toutes finies avec une précision admirable: il porte vingt-sept pouces de haut sur vingt-six pouces de baze.

L'Auteur de cette Machine est un nommé *Fontana*, célébre Architecte

Romain, qui fut chargé de faire élever cet Obelisque par l'ordre de Sixte V. comme je l'ai dit ; il est bon de rapporter ici ce qui arriva à cette occasion. *Fontana* ayant donc imaginé cette Machine, pour en faciliter l'élévation, disposa sa manœuvre, & enfin éleva son Obelisque ; mais dans le tems qu'il étoit prêt d'achever son opération il se trouva que toutes les moufles se touchoient, ce qui l'arrêta & l'empêcha de pouvoir aller plus avant : il ne fut pas peu surpris de cette avanture à laquelle il ne s'attendoit point ; car il ne s'agissoit pas moins que de perdre tout le tems qu'on avoit employé à cette manœuvre, qui étoit considérable ; mais par une présence d'esprit toute singuliere, il répara sur le champ la faute qu'il avoit faite, en donnant ordre qu'on arrosa doucement tous les cordages, ce qui les allongea & donna en même tems la facilité de pouvoir élever la piece de six pouces ; comme il ne s'en falloit auparavant que de quatre pouces pour qu'elle fût à la hauteur nécessaire, il eut encore deux pouces de jeu qui lui suffirent pour la pouvoir placer sans gêne. Ce qui prouve que les plus grands hommes manquent quelquefois dans les plus petites choses, mais aussi qu'il y a toujours chez eux des ressources heureuses par lesquelles ils sont en état de remedier aux fautes qu'ils peuvent faire. Quelques-uns même avancent que ce ne fut point *Fontana* qui imagina cet expédient pour se tirer d'affaire, mais un simple Payſan, qui comme bien d'autres, étoit ſpectateur de cette opération, & qui s'appercevant de ſon embarras, ſe mit à crier tout haut, qu'il n'avoit qu'à faire moüiller les cordages, ce qui lui réüſſit. Ce modele a été exécuté par le ſieur Magny.

417 Un autre Modele d'une grande Gruë propre à élever de gros fardeaux, garnie d'une rouë & autres dépendances. L'original a été fait pour ſervir au bâtiment de S. Sulpice; ce modele porte vingt-ſix pouces de haut, & a été exécuté par feu Monſieur de Clermont.

418 Six Colonnes de bois cannelées de dix-huit pouces de haut ſur deux pouces de diametre, avec emballes & chapitaux de l'ordre Corinthien, très-proprement ſculptez.

419 Un joli Modele de * Befroi à la Flamande, garni de ſix cloches portant leurs couronnes, armées en fer de toutes les pieces néceſſaires, de leurs touches & clavier, le tout placé dans un étui de bois à jour garni de verre blanc; il porte vingt & un pouces de haut ſur neuf pouces de large en tout ſens.

On peut regarder ce morceau comme un des plus beaux chef-d'œuvres de main qu'il y ait. Les ſix cloches y

* On appelle Befroi la charpente qui ſoutient les cloches d'une Tour ou d'un Clocher; dans preſque toutes les Villes de Flandres il y a une pareille charpente placée ordinairement au-deſſus du lieu deſtiné pour l'Hôtel de Ville ou en quelque autre Place particuliere; une des cloches qui y ſont renfermées ne ſonne ſeule que les jours de réjoüiſſances publiques, ou dans des occaſions d'allarmes, ce qui fait que ce terme de Befroi ſe prend quelquefois pour la cloche même, & en ce cas on dit *ſonner le Befroi*.

sont accordées aux tons d'*ut*, *re*, *mi*, *fa*, *sol*, *la*. Il faut être Artiste pour concevoir la difficulté de l'exécution de ce morceau, non-seulement dans l'assemblage des pieces, mais aussi dans la maniere de fondre ces petites cloches qui portent toutes leurs couronnes comme les grandes cloches, & se trouvent néanmoins sans aucune soufflure ni aucun autre défaut de fonte. Ceux qui connoissent l'art de fondre sçavent la difficulté que l'on a pour accorder des timbres ordinaires, mais qu'il y en doit avoir bien davantage dans ces sortes de petites cloches par rapport à leurs couronnes. Cette piece est de l'exécution du sieur Boury.

420 Un autre petit Modele en bois d'un Mouton d'une construction singuliere, qui a pour objet de se servir lui-même tant dans son élevation que dans sa chute, & dont l'exécution faite par le sieur Magny est très-exacte. Cette piece a été mise en usage dans le tems que l'on a rebâti le Pont de Seve; l'idée en est fort ingénieuse & très-simple.

Un autre Modele d'un petit moulinet de carriere.

421 Le Modele en bois d'un Train de Carosse, aussi d'une construction nouvelle & particuliere, portant des ressorts disposez de façon à rendre la voiture beaucoup plus douce, des rouës larges & garnies de cuir pour éviter les ornieres, & propres à rouler sur le sable dans les jardins.

422 Un autre Modele en bois d'un Treüil à rouë & vis sans fin de cuivre, propre

pour élever des fardeaux, & garni de trois pieds en charpente; il est fait à dessein de démontrer la force & les effets d'une Vis sans fin, par le sieur Magny.

423 Le Modele en bois d'une Gruë particuliere, garnie de sa rouë, de ses poids, cordages & autres pieces qui lui sont nécessaires.

Ce morceau est des plus ingénieux; c'est M. Perrault de l'Académie des Sciences qui en a été l'inventeur; elle suppose dans ses opérations des gens intelligens pour manœuvrer, sans quoi son usage deviendroit infructueux. Elle est de l'exécution du sieur Magny, qui en fait cas, & qui la regarde comme très-propre à résoudre plusieurs Problêmes de Mécanique.

424 Un très-beau Modele en bois d'un Foulon à douze fouloirs, garni d'un roüet, de deux lanternes de cuivre, jointes chacune à un hérisson, & d'une manivelle propre à le faire agir; il est l'ouvrage de feu Monsieur de Clermont.

425 Un autre Modele en bois d'une Machine destinée à servir de monture propre à élever & baisser un grand verre ardent à volonté; il est garni de son treüil, de ses rouës propres à transporter la Machine en differens lieux, ainsi que de son verre ardent.

Cette Machine est des mieux imaginée & des plus commode pour faire facilement, avec un grand verre ardent, toutes les opérations dont on peut avoir besoin; cette construction est exempte de tous les défauts & toutes les difficultés qui accompagnent ordinairement les montures de ces ſortes de verres, avec leſquelles on ne peut gueres opérer ſans danger. Elle eſt inventée & faite par le ſieur Magny.

426 Un fort beau Modele en bois & en fer d'une Preſſe à monnoye d'une conſtruction particuliere, & inventée par le ſieur Magny; elle eſt faite de façon qu'elle peut ſervir à imprimer d'un ſeul coup le deſſus, le deſſous & la légende autour du cordon d'une piece de monnoye ou d'une médaille.

Ce Modele n'a jamais été proposé; le ſieur Magny ayant exécuté les deux autres Modeles de Preſſe à monnoye des numeros ſuivans, voulut en inventer un nouveau, ce qui l'a porté à imaginer celui-ci, dont l'effet eſt certain, attendu que les parties qui forment la légende ſur le cordon de la piece, ſe trouvent fixes dans le tems de la compreſſion, ce qui n'arrive pas dans ceux qui ont été préſentez pour le même effet.

427 Un autre Modele de Preſſe à monnoye ordinaire, & exécuté en bois & en fer par le ſieur Magny.

428 Un autre Modele de Preſſe à monnoye, mais d'une conſtruction differente aux précédens, & qui a été proposé pour produire le même effet que celui qui eſt énoncé ci-deſſus au numero 426. Les trois parties qui agiſſent pour la légende ſont trois marteaux qui operent dans le même tems que le balancier. Il eſt pareillement exécuté par le ſieur Magny.

429 Un Problême curieux suivant les principes de la Statique, servant à prouver qu'un corps composé de parties heterogenes, ne peut suivre l'inclination qui lui paroît affectée.

430 Une Machine de Physique triangulaire avec son pied, exécutée en cuivre & en fer, & garnie de trois boules d'yvoire, suspenduës en l'air dans le milieu de la Machine; portant son cercle gradué & ses *index*, & servant à l'expérience du choc des corps elastiques.

431 Le Modele d'une petite Chevre à l'ordinaire, par M. de Clermont.

Celui d'un petit Mouton, aussi à l'ordinaire, & par le même.

432 Un autre petit Modele d'une Gruë très-proprement exécutée, par le même Monsieur de Clermont.

Celui d'un petit Gruau, par le même.

433 Un Modele très-curieux d'une Machine fort composée & destinée à alezer ou écarir les trous des canons de fonte: elle est garnie de ses rouës, lanterne, écarissoir & autres pieces qui lui sont propres

Ce Modele exécuté par le sieur Magny, porte dix-neuf pouces de haut sur douze pouces de largeur dans sa baze, & six pouces de profondeur.

434 Le Modele en bois d'une Breline de campagne fort commode, à doubles ressorts, garnie de ses supports, son train, son avant-train, & sa caisse de bois de noyer.

435 Trois Modeles en bois, sçavoir:

Celui d'un Pressoir à verjus.

Celui d'une Rouë de lotterie.

Un Modele d'Arithmetique, ayant ses chiffres exprimez sur des portions cilindriques taillées à facetes.

436 Une grande Machine de l'invention du feu Pere Sebastien, destinée à tracer differens contours de rosetes & compartimens guillochez, garnie de ses porte-crayons, roulетes & rouages.

Cette Machine est fort singuliere, on peut suivant son principe décrire une infinité de lignes de differens genres, en appliquant à cet instrument des pieces génératives.

Dans le second grand corps de Tablettes en face du précédent.

437 Une Boussole de sept pouces & demi de diametre à trois cerles sans déclinaison, dans sa boëte de bois de noyer ; c'est la boussole qui a été inventée par Jacques le Maire.

Un Modele de Canot Indien fait d'écorce d'arbre.

Une ancienne Epée de fer à l'Espagnole.

438 Un joli Modele de Galere à vingt-quatre rames, fait en bois, & portant quarante-deux pouces de long de l'extrêmité de la poupe à celle de la prouë.

Cette Galere a été imaginée par Monsieur le Comte de Saxe ; elle porte un manége qui renferme la Mécanique propre à faire agir les rouës par le secours de chevaux, pour la faire voguer.

439 Le Modele en bois d'une autre machine placée dans un bateau, & destinée à faire

faire remonter l'eau à d'autres bateaux; elle est garnie de plusieurs roués & d'un manége convenable à ses opérations: le tout proprement exécuté, & portant trente-trois pouces de long, seize de large & dix de haut.

440 Le Modele en bois d'une Pompe, dont l'opération se fait par le secours d'un Moulin à vent.

Un autre Modele aussi en bois d'un Devidoir pour soye, d'une nouvelle invention fort ingénieuse, qui agit par le moyen d'un roüet à l'ordinaire.

441 Un autre petit Modele en bois d'une machine imaginée pour hacher facilement du tabac, garnie de son couteau & d'un rochet propre à la faire opérer. Elle est faite par le sieur Magny.

442 Le Modele en bois d'une machine Hidraulique, composée sur un systême ancien & propre à élever l'eau à une hauteur déterminée, garnie d'augets, balanciers, &c. par feu Monsieur de Clermont.

443 Le Modele d'une Machine singulierement imaginée, dont l'effet est de tailler des limes; elle porte onze pouces de longueur sur près de dix pouces de profondeur, & huit pouces de hauteur; elle est garnie d'un roüet, d'une roue à eau, de quatre marteaux, quatre plates-formes, quatre enclumes avec leurs cremailleres, & exécutée par le sieur Magny.

444 Un très-joli Modele en bois d'une Machine à trois corps de Pompe, servant à élever l'eau, établie sur un systéme nouveau, garnie de son arbre coudé & montans de fer, de trois corps de

Pompe de cuivre, de ses balanciers ; rouës, &c. Le tout garni de fer & très-proprement exécuté par le sieur Magny.

445 Un autre beau Modele en bois d'un Moulin à eau, propre à presser les canes de sucre, garni d'une grande rouë à eau, d'une lanterne, d'un roüet, &c. Il porte seize pouces de large sur onze pouces de profondeur, & autant de hauteur. Ce Modele est exécuté par le sieur Magny, d'après ceux qui sont en usage dans l'Amerique.

446 Le Modele d'une Rouë à eau, faite de fer blanc peint, montée sur ses écharpes & patins de bois avec son auge.

Le Modele d'un Canot Indien fait d'écorce d'arbre.

447 Un très-joli Modele en bois d'une Charette à l'usage de l'Armée, très-ingénieusement inventée; elle porte un Moulin à moudre du bled, & elle est composée de façon qu'elle agit en roulant, ainsi que quand elle est fixe & à demeure. Elle est exécutée par le sieur Magny.

448 Un Modele en bois d'une Machine à trois corps de Pompe, propre à élever l'eau, établie sur un systême particulier, & dont le moteur est composé d'une grande rouë de carrier, avec un axe coudé & poulies guidées par un autre petit axe aussi coudé & convenable pour faire mouvoir lesdits corps de Pompe. Elle a été construite par feu Monsieur de Clermont.

449 Un autre Modele de Pompe à étriers, imaginée par feu le Pere Sebastien ;

elle eſt auſſi établie ſur un ſyſtême particulier : elle eſt garnie d'un réſervoir de cuivre, d'une roüe à eau auſſi de cuivre, d'un réceptacle de fer blanc à monture & baſcules de fer, &c.

450 Un fort joli Modele en bois d'un Moulin à papier, établi ſur le principe de ceux dont on fait uſage en Hollande, garni d'une grande roüe, d'une auge, d'une meule, &c. Il porte neuf pouces & demi en tout ſens, & eſt exécuté par le ſieur Magny.

451 Autre Modele en bois d'une grande Roüe octogone, propre à élever l'eau dans des réſervoirs juſques au haut de ſon diametre, garnie de ſeize augets & de deux réſervoirs. Cette roüe porte treize pouces de diametre, y compris les vannes. Elle eſt l'ouvrage de feu Monſieur de Clermont.

452 Un Modele en bois d'un Moulin à bras très-ſingulier, ſervant à moudre du grain ; ſa conſtruction eſt nouvelle & composée d'un roüet, de deux lanternes, de deux meules, de baſcules, &c. Il porte onze pouces de haut ſur ſept pouces en quarré. Par le ſieur Magny.

453 Le Modele d'une Vis d'Archimede.

Une Romaine de bois.

Le Modele d'une eſpece de Foulon.

Un Livre à l'uſage des Malabarois, de quinze feüilles faites de l'écorce d'un arbre, & muni d'un poinçon de fer qui ſert à écrire deſſus.

454 Le Modele d'un corps de Pompe ſingulier, garni d'une roüe excentrique à ſon corps de pompe, & de ſa mani-

velle, le tout en cuivre & monté sur un pied de bois.

Une autre Machine servant à équilibrer les corps graves dans les liqueurs, & à pouvoir en connoître les differens dégrés.

455 Le Modele d'un Chapelet propre à élever les eaux, portant vingt & une hotes de fer blanc, garni de deux rouleaux à six pans qui lui servent de moteur, & montez sur leurs écharpes & patins, le tout de bois, d'une auge, &c. Il porte vingt-deux pouces de haut, & a été construit par le sieur Magny.

456 Le Modele d'une Machine dont l'effet est de dessaler l'eau de la Mer, garnie de ses grilles, fourneaux, recipiens, cheminées & chapitaux, tant en fer qu'en fer blanc; elle porte, y compris son pied de bois, dix-huit pouces de haut sur dix pouces de face, & neuf pouces & demi de profondeur.

457 Un très-beau Modele exécuté tant en bois qu'en cuivre, d'une Machine ingénieusement imaginée sur un systême nouveau & propre à nettoyer les Ports de mer; elle est armée de quatre cuillieres de cuivre, de roües, poulies & cordages nécessaires pour son effet; elle porte vingt-cinq pouces de long sur un pied de haut ou environ.

458 Le Modele d'un Puit agissant par le secours du bras, d'une construction particuliere & garni de poulies, roües, lanternes, volans, sciaux & auges; il porte vingt-deux pouces de haut sur dix pouces de large. Par feu Monsieur de Clermont.

459 Un autre joli Modele en bois d'une Pompe à chapelets, propre à élever l'eau, & garnie de son tuyau, auge, supports & patins, ayant vingt pouces de haut. Par le sieur Magny.

460 Un autre petit Modele en bois très-bien exécuté d'une Pompe dont le moteur agit par le secours d'un Moulin à vent, & établi sur le système de celle qui est construite à Bercy dans la maison de Monsieur Pajot d'Osembray.

461 Le Modele d'une Pompe propre à faire monter l'eau, faite sur un principe particulier, & dont le moteur part de deux pignons ; elle peut être appellée par sa construction Pompe de compression & d'attraction ; elle porte en tout près de vingt pouces de haut.

462 Trois Pieces tant en cuivre qu'en fer, servant à faire differentes expériences Physiques.

Une Fontaine intermittente de fer blanc.

463 Un grand & beau Modele en bois d'un Pont, propre à franchir les fossez d'une Ville de guerre, ou à passer une riviere ; il est divisé en trois corps & garni de ses éperons, charpente, plates-bandes, de six balcons ou garde-fous de fer, & d'une construction facile à pouvoir être dressé sur le champ ; il porte cinquante-six pouces de long sur quatorze pouces de haut & neuf pouces de profondeur.

Dans un autre plus petit corps de Tablettes.

464 Une Lanterne ſourde de cuivre à * lampe de Cardan, avec un Miroir de métal poli réflechiſſant, garnie d'une groſſe loupe de criſtal & autres pieces.

Un Chandelier auſſi de cuivre, garni pareillement d'une loupe de criſtal & d'un reſſort à boudin, ſervant à mettre une bougie.

465 Un Cilindre d'Optique de carton peint, repréſentant pluſieurs Saints & Saintes, avec ſon point de vûë.

Un petit Microſcope de réflexion, garni de cuivre doré d'or moulu, fait en forme de vaſe, & renfermé dans un étui de chagrin.

Un petit Problême de Statique.

466 Un Miroir ardent compoſé de trois verres de differens foyers & grandeurs, placez à des diſtances proportionnées à leurs foyers, afin de pouvoir réunir les rayons du Soleil avec plus de force ; le premier verre a douze pouces de diametre, le ſecond en a neuf, & le troiſiéme trois & demi ; ils ſont tous trois entourez de cercles de fer bronzé, montez ſur un même affut, & diſpoſez de façon à pouvoir faire un ſeul effet conjointement enſemble. Cette piece eſt de l'invention du feu Pere

* On appelle Lampe de Cardan celle qui ſe fournit d'huile elle-même à meſure qu'elle en a beſoin : c'eſt un petit cilindre de métal ou de verre bien bouché, à la reſerve d'un petit trou qu'on laiſſe par le bas, & par lequel l'huile ne peut ſortir qu'à meſure qu'elle ſe conſume.

Sebastien. On prétend que ce Miroir a presque autant de force que celui qui est a l'Observatoire.

467 Un très-beau & très-complet Microscope à lentilles simples, servant aux liqueurs & aux objets opaques, garni de huit lentilles de differens foyers, pour les pouvoir changer selon la grosseur & l'étenduë des objets que l'on veut observer; ces lentilles sont montées chacune dans leur porte-lentille de cuivre, pour les pouvoir adapter au corps du Microscope, & les changer au besoin. Il est de plus garni de pincettes, d'objectifs, de petits tuyaux de cristal, propres à faire observer la circulation du sang dans la queuë d'un Tetard, avec l'instrument convenable pour contenir ces tuyaux; d'un petit Microscope à trois verres, qui s'ajuste au corps du même Microscope à lentilles; & enfin d'un autre petit Microscope ordinaire pour observer les objets d'un volume plus apparent; le tout est très-proprement fait & ajusté par compartimens dans une boëte doublée de velours & couverte de chagrin. Il y a dedans un écrit qui enseigne la maniere de pouvoir se servir de toutes les pieces qui le composent. Ce Microscope est fait suivant le principe de feu Monsieur Joblot, & je crois même qu'il est de lui.

468 Une Horloge à eau avec boule d'étain; elle est renfermée dans une boëte de bois, faite en forme de pied d'estal, sur laquelle boëte est placé un globe terrestre, porté par son Equateur, mar-

quant l'heure sur son cercle équateur par une fleur de Lys mise au Méridien de Paris. Cette Horloge hidraulique est de l'invention du Pere Bruno, Capucin; sa construction est simple & fort ingénieuse.

469 Un très-bon * Telescope Binocle renfermé dans une boëte de chagrin.

470 Un autre excellent ** Telescope de réflexion, Anglois, de seize pouces de longueur, garni de son genoüil de cuivre, & monté sur un pied de bois noirci.

* Le mot de Binocle est un terme d'Optique; il signifie une Lunette, Telescope, Microscope ou autre piece de cette nature, qui est double; c'est-à-dire, qui est composée de deux tuyaux joints ensemble, garnis chacun de leurs oculaires & objectifs. Ces tuyaux sont disposez de façon que par leur écartement dans la partie par où l'on regarde, qui est ménagée suivant la distance ordinaire des deux yeux, on peut observer de ses deux yeux les objets en même tems. L'usage de cette Machine est un peu embarrassant pour ceux qui n'ont pas encore acquis l'habitude de s'en servir; mais aussitôt que l'on y est fait, on observe avec autant de facilité que par un seul tuyau, & même avec moins de contrainte, puisque l'on n'est point obligé d'avoir toujours un des deux yeux fermez, ce qui ne laisse pas d'être gênant & incommode à de certaines personnes. L'invention de ces Binocles est dûë au Pere *Reita*, Capucin d'Orleans, & elle a été renouvellée ensuite par le Pere Cherubin, aussi Capucin, qui en a écrit un gros volume en 1678 on ne trouve pas communément de ces Binocles, tant en Lunettes qu'en Microscopes.

** Nous connoissons aujourd'hui deux Telescopes de differentes constructions. Le premier, qui est le plus ancien, n'est autre chose qu'une Lunette d'approche ordinaire; il y en a de deux sortes, l'une pour observer les objets terrestres, l'autre pour faire les observations astronomiques.

La Lunette terrestre quand elle est petite n'est composée que de deux verres, l'un qui est concave, & que l'on appelle oculaire: l'autre qui est convexe & qui se nomme objectif, parce qu'il se place du côté de l'objet que l'on veut observer,

& qu'il en reçoit le premier les rayons. Ces verres sont renfermez dans un tuyau plus ou moins long.

Les plus grandes Lunettes terrestres sont faites pour observer les objets éloignez, elles sont alors composées de quatre verres; il s'en fait quelqnefois qui ont jusqu'à six pieds & plus; mais quand elles sont grandes elles deviennent d'un usage incommode, & elles sont en même tems trop obscures.

L'autre Telescope ancien est le Telescope astronomique, & fait pour observer les Astres, il n'est composé que de deux verres, un oculaire & un objectif tous deux convexes: il y en a eu qui avoient jusques à cent pieds & plus, mais il est facile de juger du désagrément de ces Lunettes, par l'embarras qu'elles causent dans leur usage, & par la difficulté qu'il y a à pouvoir découvrir l'objet d'observation, comme aussi à ne s'en point écarter quand on l'a trouvé.

Les uns donnent l'invention de ce premier Telescope à Jacques *Metius*, natif d'Alkmar en Hollande; les autres la donnent, ainsi que celle du Microscope, à *Zacharias Jansen*, ou *Joannides*, faiseur de Lunettes à Middelbourg en Zelande.

Le second & le nouveau Telescope, que l'on appelle Telescope de réflexion, parce que ses effets ne se font que par la réflexion des objets sur des miroirs de métal poli; ce Telescope, dis-je, est de l'invention de Monsieur Newton ce fameux Philosophe Anglois. On en doit cependant, non pas l'exécution, mais le mérite de la premiere idée à la France; en voici la preuve.

Le Pere Mersenne, Minime, fut le premier qui pensa à faire des Lunettes par le moyen des miroirs réflechissans; il proposa son idée à Monsieur Descartes, comme on le peut voir dans un Traité de Perspective imprimé à Paris après sa mort, vers l'année 1650. Monsieur Descartes qui conseilloit toujours aux autres de se dépoüiller des anciens préjugez, ne suivit point ce principe dans cette occasion: car au lieu de gouter & d'examiner ce que le Pere Mersenne lui proposoit, il ne lui répondit que par des difficultés. Si quelqu'un cherche à s'éclaircir sur ce fait, plus en détail, il n'aura qu'à lire la vingt-neuviéme & la trente-deuxiéme Lettre de Monsieur Descartes dans le second volume de ses Lettres. Monsieur *Gigeri*, Ecossois, donna en 1663. un Traité, dans lequel il proposa à peu près le même systême, mais plus détaillé. Il souhaitoit que le grand verre fût parabolique, & que le petit fût elliptique, ce qui étoit impossible.

Quelques années après Monsieur Newton en tenta l'exécution en se servant de la figure circulaire; il fit les premiers, dans lesquels on regardoit l'objet par le côté; ils réusfirent, mais leur succès n'empêcha point cependant cette belle découverte de tomber dans l'oubli, jusques au tems de ses dernieres années où cette idée se réveilla en Angleterre, & où l'on travailla à la porter à sa perfection. Voici quelle fut la premiere construction de ces Telescopes.

Le Tube de ce Telescope qui doit être large, est ouvert du côté qui regarde l'objet; l'autre est fermé par un miroir métallique & concave qui y est placé; proche du côté qui est ouvert on place un miroir ovale & plan; ce dernier est incliné à un angle de quarante-cinq dégrés; vis-à-vis le côté du Tube il y a une petite ouverture où est placée la lentille qui sert d'oculaire, ensorte que les rayons venant de l'objet doivent tomber d'abord sur le miroir concave placé au fond du Tube; delà ces rayons sont refléchis vers la partie supérieure du même Tube, où ils rencontrent le miroir plan posé obliquement, & par lequel ces mêmes rayons sont refléchis sur le petit verre convexe, & ensuite dans l'œil de l'observateur, qui regardant, voit l'objet vers lequel le Tube est tourné.

A cette construction a succedée aussi en Angleterre celle-ci qui est en usage aujourd'hui; elle est differente de la premiere, d'abord en ce que les objets s'y voyent sur une ligne directe, comme dans les Lunettes ordinaires, ce qui donne bien plus de facilité pour trouver l'objet auquel on veut s'attacher; ensuite le grand miroir de métal poli placé au fond du Tube est percé, il est concave & reçoit la lumiere des objets, qu'il réflechit après sur un autre très-petit miroir concave qui lui est opposé & placé vers le bout de l'ouverture du Tube. Ce dernier renvoye cette même lumiere par le trou du grand miroir à travers un verre plan & convexe, laquelle lumiere passe après par l'oculaire, & vient peindre au fond de l'œil la représentation des objets.

Ainsi donc, les premiers Telescopes de réflexion nous sont venus d'Angleterre: ils furent fort courus en France d'abord qu'ils parurent par l'avantage qu'ils procuroient, tant par rapport à l'effet considérable qu'ils font sur l'objet éloigné & qu'ils rapprochent infiniment, que par l'aisance qu'ils donnent dans l'opération.

Mais heureusement nous ne sommes plus dans le cas d'envier aujourd'hui le mérite des Telescopes Anglois, ni obligez d'avoir recours à eux, depuis que nous avons reconnu la supériorité de ceux que Monsieur *Passement* a mis au jour depuis quelque tems.

Le goût naturel que ce célébre Artiste a eu dès sa plus tendre jeunesse pour l'Astronomie, & manquant alors d'instrumens convenables pour ses observations, il se détermina à en faire un lui-même pour son usage particulier dès l'année 1729. il ignoroit que dans ce tems-là on travailloit en Angleterre à perfectionner le Telescope. En 1737. il fit imprimer un Traité in-4°. qui porte pour titre : *Construction d'un Telescope de réflexion de seize pouces, &c. chez Philippe-Nicolas Lottin*, qui fut reçû très-favorablement du Public, & même des gens de l'Art. Le succès qu'eurent après, ces Telescopes, l'engagerent à se livrer totalement à ce genre, & en effet ces instrumens eurent tant de réüssite, & ils furent jugez si bons, que cela lui procura un Privilege particulier pour pouvoir en construire sans être inquieté. Encouragé par l'amour qu'il a toujours eu pour ce genre d'étude & de travail, & mettant à profit les découvertes que lui ont produit les recherches & les réflexions heureuses qu'il faisoit journellement pour perfectionner ces Telescopes, il est enfin parvenu à les pousser à un si haut dégré de précision & de netteté, que l'on ne peut s'empêcher, par une expérience décidée, de donner à ceux qui sortent de ses mains une préférence justement acquise.

J'ai eu le plaisir il y a quelques jours d'observer chez lui avec un de ses Telescopes, qui porte trente-deux pouces de long, qui équivale à une Lunette de vingt-cinq à trente pieds, & j'eus toute la satisfaction possible dans la netteté & la sensibilité des objets : mérite d'autant plus rare dans cet instrument, que le défaut ordinaire des grandes Lunettes est de grossir les vapeurs & de rendre les objets terrestres sombres & confus, ce qu'il a eu le talent d'éviter dans celui-ci, de façon que malgré sa force les objets y sont représentez avec une clarté surprenante.

Ce Telescope, par sa construction nouvelle & étudiée, a l'avantage de faire parfaitement ses effets, tant pour les observations terrestres, dont nous venons de parler, que pour les astronomiques, puisque l'on peut avec son secours distinguer non-seulement les éminences & profondeurs marquez sur le Globe de la Lune & leurs ombres, l'Anneau de Saturne, les Satellites de Jupiter, mais encore les bandes qui traversent son disque, & cela d'autant plus commodément que l'on se trouve débarrassé de la longueur importune des grandes Lunettes, qui pourroient faire les mêmes effets, & que l'on n'a point la vûë fatiguée par des couleurs étrangeres qui sont les suites inséparables des verres ordinaires.

J'ai vû chez cet Artiste plusieurs sortes de ces Telescopes, qui tous, ayant rapport à leurs grandeurs, font des effets merveilleux, & entr'autres un de six pouces, avec lequel on peut observer les Satellites de Jupiter, & même la Planete de Venus en croissant : quelques-uns de onze pouces qui équivalent à des Lunettes de huit pieds, & d'autres de seize pouces qui font au moins l'effet de celles de douze pieds, & qui sont exempts des défauts de clatté que l'on a reproché jusqu'ici à ces instrumens. Il travailloit dans ce tems-là à en construire un nouveau de huit pouces qui sera portatif dans la poche, & qu'il a imaginé, dans le dessein de le rendre utile aux Officiers pour pouvoir découvrir ce qui se passe chez l'ennemi, il fera l'effet d'une Lunette ordinaire qui auroit six pieds.

Monsieur *Passement* n'a pas moins bien réussi dans les Microscopes qu'il a nouvellement mis au jour, & qu'il a sçû garantir pareillement de l'obscurité qui leur est ordinairement affectée. Ils sont composez d'un oculaire & de deux miroirs métalliques, ils n'ont pas plus de deux pouces & demi de longueur, & cependant leur effet est extraordinaire.

Je demande grace encore cette fois pour cette digression, qui pourra peut-être paroître longue à quelques-uns, mais aussi qui pourra faire plaisir à plusieurs autres. Il est toujours avantageux de connoître les Artistes qui se distinguent. Autant que je le pourrai je ne négligerai jamais d'instruire le Public de leur mérite, quand l'occasion s'en présentera. Après tout, quand on n'en impose point, & que l'on n'avance rien que d'après une vérité établie & une expérience reconnuë, on ne risque point d'être blamable.

471 Trois Loupes, dont deux sont taillées à facetes.

Un Vetre propre à observer les Eclipses du Soleil.

Trois tuyaux courbez, dont un est garni à l'une de ses extrémités d'un cornet disposé pour se faire entendre d'un sourd.

472 Un Barometre & un Thermometre à pieds, de la construction du sieur Cleret, montez sur un fond de bois de poirier noirci, à filets de cuivre, & portant chacun quarante pouces de hauteur.

473 Un Miroir ardent, concave & convexe, de métal poli des deux côtés, de dix-sept pouces de diametre, & d'environ trois pieds de foyer, monté dans un cercle

cercle, & sur un support de fer attaché sur un pied de cuivre, triangulaire.

474 Un autre Miroir de même métal poli, de vingt pouces sur seize pouces, à surface plane, & renfermé dans une bordure de bois doré.

475 Un Miroir ardent de métal, de six pouces de diametre, tant concave que convexe & poli des deux côtés, monté dans un cercle de fer, & posé sur un pied de cuivre triangulaire.

476 Un autre Miroir de métal poli, portant quatre pouces & demi de diametre, monté ainsi que le précédent, & propre à un usage particulier.

477 Un Verre ardent de sept pouces de diametre, enchâssé & monté sur un pied.

478 Un autre Verre ardent de six pouces de diametre, monté ainsi que le précédent.

479 Un Miroir ardent concave & convexe, de métal poli des deux côtés, portant plus de douze pouces de diametre, monté dans un cercle & sur un support de fer, & placé sur un pied de cuivre triangulaire.

480 Un Miroir de même métal à surface plane & polie, portant douze pouces de haut sur neuf & demi de large, dans sa bordure de bois doré.

481 Un autre Miroir de pareil métal à surface plane & polie, portant huit pouces de haut sur sept pouces de large, garni d'un support de fer, & monté sur un pied de cuivre triangulaire.

482 Un petit Microscope a trois verres, d'environ cinq pouces, monté sur un pied de bois noirci triangulaire; garni de

son porte objet & de plusieurs pincettes qui s'alongent & se racourcissent suivant le besoin.

483 Un autre Microscope à trois verres, d'environ neuf pouces, monté sur un pied de plomb.

484 Un Œil artificiel propre à démontrer l'operation de la Cataracte, monté sur un pied de bois noirci, avec deux petits instrumens de fer renfermez dans un étui, & propres à ladite operation.

485 Un très-beau & grand Microscope binocle à trois verres, portant quatorze pouces & demi de hauteur, & renfermé dans une gaine de maroquin noir, orné de dentelles d'or. Il est muni de toutes les pieces & ressorts nécessaires pour en pouvoir faire les expériences. Il porte le nom de Gatellié. Sa disposition est singuliere, & il peut servir tant aux liqueurs qu'aux objets opaques. Il n'est pas ordinaire d'en trouver d'une pareille construction.

486 Un Verre ardent de neuf pouces & demi de diametre, avec enchassure, support & pied de bois noirci.

487 Un Miroir de métal poli à deux surfaces planes, de cinq pouces de diametre, & monté sur un pied.

Un Verre ardent de six pouces un quart de diametre, monté de même.

Un autre Miroir de Glace de neuf pouces & demi de diametre, & taillé à differentes facetes; desorte que l'objet réflechi y est multiplié autant de fois qu'il s'y trouve de facetes.

488 Un très-bon & grand Microscope à trois verres, portant environ treize pouces

de hauteur, garni de quatre differentes lentilles proportionnées à la grosseur des differens objets que l'on y veut examiner, & monté sur son pied, orné d'un cercle & de trois supports de cuivre, faits en S.

489 Un petit Microscope à lentille seule, servant aux liqueurs, avec une autre lentille attachée dans le haut, pour examiner d'autres objets. Il est garni d'une pincette d'argent, & renfermé dans un étui de bois d'ébene.

Un autre petit Microscope ordinaire à lentille seule.

Un autre petit Microscope ordinaire à trois verres.

490 Un Microscope de réflexion à trois verres, de près de sept pouces de haut, garni de quatre lentilles de differens foyers, de plusieurs verres servant d'objectifs, avec une pincette & un porte objectif, aussi de cuivre. Il est monté sur un petit coffre de bois de noyer,

491 Un très-beau Microscope à trois verres d'environ dix pouces de hauteur, renfermé dans un étui de Maroquin, orné de dentelles d'or, attaché à une branche de cuivre, & monté sur un pied de même métal, avec une pincette & un porte-objet aussi de cuivre.

492 Trois Yeux artificiels.

Un petit Miroir de métal poli, à surface plane, monté dans un support de fer, sur un pied de bois noirci.

493 Un petit Miroir ardent concave & convexe, de métal poli, & monté sur un pied.

Un autre petit Verre ardent monté de même.

494 Deux autres, *idem.*

495 Deux autres, *idem.*

496 Onze Pieces propres à faire des experiences Physiques sur la réfraction des rayons de lumiere. Ce sont des prismes creux tant ronds, triangulaires, quadrangulaires, qu'à cinq & six pans, &c. tous de glace, à l'exception d'un qui est rond. Ils sont tous garnis de tourillons & chassis de cuivre, roulans sur des supports de fer attachez à des pieds de bois, & construits de façon à pouvoir contenir de l'eau ou d'autres liqueurs coloriées. Ils sont établis sur les principes de M. Newton.

Dans un autre corps de Tablettes, semblable au précédent.

497 Un Pistolet singulier, servant à éprouver la poudre.

498 Un autre petit Pistolet très-ingénieusement & proprement exécuté, dont le but est de servir de Briquet & d'allumer une Bougie. En voici la manœuvre :

En appuyant le doigt sur la détente de ce Pistolet, le chien part, ce qui fait allumer l'amorce à l'ordinaire : cette amorce allumée met le feu à une bougie, qui est renfermée & couchée dans le canon de ce Pistolet, que ce premier mouvement a fait ouvrir en deux. En appuyant ensuite une seconde fois, avec un peu plus de force sur la même détente, la Bougie allumée s'éleve droite, & de ce dernier mouvement, il sort de dessous le canon une petite fourchette propre à soutenir le Pistolet & à le redresser pour en pouvoir faire usage, ainsi que d'un chandelier; ce qui fait une machine d'une très-jolie invention.

499 Deux Armes Chinoises appellées Kric, dont les lames sont de forme flamboyante; emmanchées toutes deux dans un bois singulier, & renfermées dans des étuis aussi de bois. Les Grands Seigneurs de ce Pays se servent ordinairement de cette Epée ou Coutelas.

Un ancien Instrument de fer, propre à divers usages, & en particulier au jardinage.

500 Un ancien Coutelas très-large de lame, fort singulier, & dont le manche représente en sculpture differens Mysteres; il est garni d'une virole & d'un bout d'argent.

501 Un Poignard Turc à manche d'ébeine garni d'argent.

Une ancienne Masse d'Arme de fer.

502 Deux anciens Coutelas Anglois, à larges lames faites d'un acier très-liant, renfermez tous deux dans un même étui & garnis en argent; il y en a un qui porte les Armes du Seigneur à qui il a appartenu. On prétend qu'ils existent depuis près de trois siecles.

503 Un très-beau Sabre Chinois à lame de damas, avec un manche de cuivre doré d'or moulu, renfermé dans un étui de bois verni, & portant un petit couteau au haut de son étui.

Deux autres Couteaux Turcs & un Poinçon, tous trois renfermez dans un même étui damasquiné, ainsi que leurs manches.

504 Trois differens Modeles en bois ; sçavoir :

Celui d'une Barriere propre à mettre dans les champs, pour empêcher les Bestiaux de s'échaper. On en fait usage en Normandie.

Celui d'un Treuil ordinaire, monté dans ses patins avec ses deux leviers.

Celui d'une Echele de corde, propre à escalader les murs.

505 Un Modele en relief d'une Batterie de quatre pieces de canon de fonte, chacun sur leur affut, & ayant aussi chacun leur plate-forme, vis-à-vis de leur embrasure ; il porte vingt-huit pouces de long sur vingt de large.

Cette Batterie est des plus régulieres : Les pieces de canon y sont en proportion avec leurs affuts, ainsi que toutes les autres parties. Elle est du sieur Magny.

506 Un autre Modele en relief de même grandeur que le précedent, & représentant une Batterie de quatre mortiers de fonte, montez sur leurs plate-formes dans leurs tranchées.

Cette Batterie est établie sur les mêmes proportions que la précédente. Les quatre mortiers, quoique très-petits, sont en état de faire leurs effets. Elle est aussi du sieur Magny.

507 La représentation en relief du Camp de Neustaat en 1696. ayant vingt-deux pouces en quarré, sans y comprendre sa bordure, & portant une échelle d'un quart de lieuë de six cens toises. Ce morceau est fort amusant & très-bien exécuté.

508 Un autre joli Plan en relief du Château de

Coblents, avec ses Fortifications, donnant aussi une partie de la Ville. Il a vingt-cinq pouces sur seize pouces, & porte une échelle de cent toises.

509 La représentation en relief d'un Fort régulier dans ses bastions, courtines, &c. portant vingt-six pouces & demi, sur vingt-trois pouces & demi.

510 Un Modele de relief, en carton, de vingt-six pouces de long sur trois pouces de haut, représentant la façade en élévation d'une Gallerie à l'Italienne de l'ordre Ionique. Par le sieur Marechal.

511 Un autre Modele en relief, aussi de carton, d'un Château de campagne avec son avant cour, formant parterre. Ce Château est composé d'un grand corps de Logis & de deux aîles à la Mansarde. Il est aussi exécuté par le sieur Marechal.

512 Deux Modeles en relief de carton, représentant deux basse-cours, dont l'une est garnie d'un colombier dans le milieu; ils portent chacun dix pouces & demi en quarré, sur deux pouces un quart d'élévation. Par le même.

513 Un autre beau Modele de relief, aussi en carton, d'une jolie Maison Bourgeoise située à Paris. Il porte sept pouces de face, sur six de profondeur, & six pouces trois quarts d'élévation. Par le même.

514 Un autre Modele en carton, représentant en relief l'extérieur de l'Eglise Cathédrale de Nôtre-Dame de Paris, & portant dix pouces de face, sur vingt-quatre pouces de profondeur, & douze d'élévation jusques au haut du toit, & non compris la hauteur des tours. Il est aussi exécuté par le sieur Marechal.

Dans une autre Armoire dont les portes ſont garnies en Glaces.

515 Une très-belle Machine Pneumatique, garnie de ſon récipient de criſtal, de ſes platines, conſoles, ſeringue & robinet de cuivre cizelé; d'un piſton à pedale & manivelle de fer: Le tout monté ſur un trepied de bois verni, très-proprement ſculpté. Cette Machine eſt de la conſtruction de M. l'Abbé Nollet, à qui les honnêtes-gens ſont redevables de l'amour qu'il a eu le talent de leur inſpirer pour toutes les parties de la Phyſique, par ſes inſtructions & ſes expériences intereſſantes, ſolides & amuſantes, qui entretiennent cet amour & l'augmentent, même de jour en jour. La réputation de ce grand Phyſicien, ſuffit pour faire l'éloge de cette Machine.

516 Onze Récipiens tant de criſtal que de verre blanc, de differentes grandeurs, & propres à faire des expériences ſur la ſuſdite Machine Pneumatique. Dans cet aſſortiment, il y en a pluſieurs qu'il ſeroit difficile de trouver auſſi beaux qu'ils le ſont.

517 Cinq petits Récipiens, tant en criſtal qu'en verre, propres auſſi à diverſes expériences Phyſiques, & garnis, la plûpart, des inſtrumens qui leur ſont néceſſaires; ſçavoir, celui pour l'expérience du moulinet; celui qui eſt propre pour la pomme coupée; un autre pour l'expérience des marbres; celui pour la bouteille caſſée, & celui de la ſonnette.

518 Le Phoſphore en bouteille dans le vuide.

Le Phospore au vif-argent, dans une autre bouteille.

Le grand Diabet servant à l'équilibre des liqueurs.

519 Dix-huit autres Morceaux tant goblets que phioles, de differentes formes & grandeurs, servant à diverses expériences Physiques.

520 Un Eolipile de cuivre.

Un autre Eolipile de verre, avec sa lampe.

Un Prisme de cristal.

521 Vingt & un, tant Bocaux de verre, que flacons de cristal de differentes grandeurs, dans la plûpart desquels il y a plusieurs drogues propres aux expériences Physiques, & entr'autres du vif-argent, de la poudre fulminante, de l'esprit de vitriol, de l'huile de Gayac, &c.

522 Une Seringue d'étain, avec bout de cuivre, propre à aspirer l'air, & à plusieurs autres expériences.

Deux Hemispheres de cuivre, portant leurs robinets & cordages convenables pour l'expérience de la compressibilité de l'air.

Une autre Machine de cuivre, faite en roue à differens rayons, montée sur un pied de bois, & à l'usage des expériences de la lumiere.

Un grand Siphon de cuivre, avec son récipient de cristal, propre à former un jet-d'eau.

523 Vingt-cinq Pieces ou environ, tant tuyaux, Siphons qu'autres, le tout propre aux mêmes expériences, & dont quelques-unes sont garnies des eaux, liqueurs, & autres matieres qui leur conviennent, & entr'autres :

La Plume dans l'air.

La Plume dans le vuide.

La représentation des quatre élémens, faite avec des matieres de pesanteur inégale, qui se brouillent quand on les remuë, & qui reprennent chacune leur place, suivant le degré de leur pesanteur, lorsqu'on les remet en repos.

Le Peze liqueur.

Le Thermometre propre à cuire des œufs frais, &c.

S'il se trouve quelques Encherisseurs qui souhaitent acquérir la Machine Pneumatique, garnie de tous les articles ci-dessus énoncez qui y ont rapport, & qui pour la plûpart en dépendent, on vendra le tout en un seul article, depuis le No. *515. jusques & compris le* No. *523. qui est le précédent : Sinon, ils seront détaillez suivant leur distribution.*

524 Un Miroir de glace portant quinze pouces, sur douze, dans une bordure de bois de Palissandre.

525 Une Fontaine intermittente de fer blanc.

Une autre Fontaine intermittente de cuivre.

Une autre Fontaine de cuivre, propre à la compression de l'air & formant jet-d'eau.

Une Lanterne tournante à la lumiere, ornée de differentes Figures grotesques très-bien peintes.

526 Un Aiman artificiel composé de sept lames d'acier, serrées & jointes par des viroles de cuivre, & dont l'effet est pareil à celui d'une véritable pierre d'aiman.

527 Un grand Cilindre de verre blanc, rempli

d'eau, dans laquelle nagent, montent & descendent plusieurs differentes figures d'émail, avec plus ou moins de vitesse, & qui servent à prouver differens faits de Physique.

Dans une autre pareille Armoire que la précédente.

528 Seize petits Pieds portant chacun un Problême Arithmétique, exécutez la plûpart en plomb, dont les uns sont destinez pour les nombres piramidaux, triangulaires, &c. & les autres pour les cubes de differentes grandeurs, & pour les nombres quarrés.

Cet assortiment de pieces est d'une précision admirable. Ayant été fait par le Pere Sebastien, on peut raisonnablement en esperer une grande perfection, & il seroit difficile d'en trouver une aussi belle suite.

529 Deux petits Cilindres de métal poli, avec treize Figures tant enluminées qu'en blanc.

530 Deux autres plus grands Cilindres de même métal poli, avec quarante-cinq Figures, dont quarante-trois sont coloriées, & les deux autres sont en blanc.

531 Un autre beau Cilindre aussi de métal poli, avec seize jolies Figures coloriées & peintes sur carton.

532 Trois autres Cilindres de même métal poli, sçavoir :

Un Cône.
Un Prisme triangulaire.
Un autre Prisme quadrangulaire.

Ces trois Cilindres sont montez sur

des pieds de bois noirci, & garnis de treize Figures qui leur sont propres.

Trois autres Cilindres ou Prismes, aussi de métal poli, dont un est à quatre angles, un autre à cinq angles, & le troisiéme à six angles. Ces trois derniers n'ont point de figures.

533 Six autres * Cilindres de métal poli, de differentes grandeurs & formes, dont trois sont concaves, & les trois autres sont à pans : ils n'ont point de figures, ainsi que les précédens.

534 Une très-belle & grande suite de Problêmes Mathématiques & Géometriques, comme Poliedres, Exhaedres, Octaedres, &c. ainsi que cosnes réguliers, taillez pour produire differentes sections coniques & autres. Plusieurs sont évidez à jour pour les opérations de Géometrie, & les autres sont coupez dans différentes proportions. Ils sont tous de plomb bronzé & montez sur des pieds de bois

* Il faut observer, que quoique le mot de Cilindre exprime & signifie ordinairement un corps exactement rond & d'une égale grosseur dans sa longueur : Néanmoins en fait d'optique, ce terme est consacré & donné à tous les Instrumens & Miroirs de métal, de quelque forme qu'ils soient, & qui posés perpendiculairement sur un carton, sur lequel on a tracé des Figures qui paroissent bizares & confuses, réünissent ces objets de maniere que ces Figures se trouvent représentées sur le poli de ce métal dans leurs justes proportions, y ayant des regles sûres pour les tracer. On a crû devoir donner cette Note, afin qu'il ne parût pas absurde, d'appeller Cilindre un corps qui lui est totalement opposé par la forme, tels que les miroirs concaves, coniques ou piramidales. Il est bon aussi d'observer, que ceux qui se terminent en pointe, doivent être regardez perpendiculairement du haut en bas, en faisant tomber le rayon visuel sur la pointe, au-lieu que les autres se regardent en face.

noir,

noir, tournez, à l'exception de ſept qui ſont de plomb, ſans bronze. Cette ſuite eſt une des plus belles & des plus completes que l'on puiſſe faire ; la propreté & l'exactitude y regnent dans toutes leurs parties. Cet aſſortiment vient du Cabinet du Pere Sebaſtien, & a été retouché par le ſieur Magny.

Dans une troiſiéme petite Armoire qui renferme pluſieurs Aimans, differens Cadrans, Machines & Inſtrumens très-proprement exécutez, la plûpart à l'uſage de l'Aſtronomie, avec quelques autres Curioſités.

535 Une Table d'Aritmétique Chinoiſe, de bois de Paliſſandre, garnie de ſes nombres d'yvoire.

536 Une magnifique & groſſe pierre d'Aiman d'environ cinq pouces cubiques, armée de ſes deux poles de fer, de ſes cercles, maintiens & anneau de cuivre : Le tout très-proprement fini & exécuté par Jaques le Maire. On prétend qu'elle porte vingt-deux marcs. Il s'y trouve une boule de marbre qui y eſt ſuſpenduë, pour la maintenir dans ſa force.

537 Un Méridien de cuivre d'une conſtruction nouvelle, imaginé & travaillé avec beaucoup de ſoins par le ſieur Magny, portant ſon nom & l'année 1734. marquant les équations & garni de ſon contrepoids, Gnomon, Suſpenſion & autres pieces. Morceau extrêmement curieux.

L'Accadémie des Sciences a donné ſon approbation aux proprietés de cet

Inſtrument, dont une des principales, eſt que l'image du Soleil y eſt toûjours directe, quoique le mur ſur lequel il pourroit être poſé fût déclinant. Ce Méridien eſt fixé pour la latitude ſous laquelle il a été conſtruit. Ce n'eſt pas, cependant, une choſe impoſſible de le rendre univerſel, & le ſieur Magny dit en avoir fait pluſieurs qui ont cette qualité. Cet Inſtrument a auſſi la proprieté de pouvoir décrire la méridienne du lieu où l'on eſt. Voici comment:

Cette Piece eſt composée d'une grande plaque évidée à jour; cette plaque porte un demi cercle qui lui eſt perpendiculaire; au centre de ce demi cercle, eſt un Plan mobile, parallele à la grande plaque: ſur ce Plan mobile eſt un ſupport qui eſt traverſé par le demi cercle; au bout de ce ſupport eſt le Gnomon. Par cette diſpoſition l'Inſtrument étant poſé bien verticalement ſur un plan éclairé du Soleil, quelques heures avant & après-midi, fournit le moyen de l'orienter, en obſervant quelque tems avant midi la hauteur du Soleil; ce qui ſe fait en préſentant le Gnomon, de telle ſorte, que l'image du Soleil ſoit ſur la ligne droite qui eſt tracée ſur le plan mobile & perpendiculaire au plan du Meridien du lieu; alors on marque un point avec de l'encre ſur cette image, & un autre ſur le demi cercle à côté du ſupport: enſuite l'on obſerve le tems où le Soleil ſe trouve à la même hauteur, ce qui arrive quand cette image paroît couvrir la premiere marque faite: L'Inſtrument ainſi arrêté, l'on trace un trait ſur le demi cercle, le long du côté du ſupport dont on s'eſt déja ſervi : après quoi l'on diviſe cette portion de cercle en deux autres portions égales, & ſur cette diviſion, on y place le côté qui a ſervi à tracer les traits des deux obſervations : alors on fixe cet Inſtrument ſur la diviſion du milieu, & il ſe trouve en état de faire ſon effet. Cette méthode de tracer une Meridienne eſt pour le tems que le Soleil eſt dans l'un ou l'autre des ſolſtices, ou aux environs.

538 Un autre bon Méridien auſſi de cuivre, ou Cadran horizontal, s'orientant par lui-même, & propre à décrire, auſſi par lui-même, une Méridienne. Il eſt renfermé dans un étui. Celui-ci eſt inventé par Jules le Roy, & exécuté par Jaques le Maire.

539 Un Inſtrument de Mathématique fait en cuivre, dont l'uſage eſt d'apointer le canon. Il porte le calibre des pieces, des mortiers & des fuſils ; le poid des boulets, le diametre des bombes & le nombre des bales à la livre.

540 Un grand Compas de proportion, fait en cuivre, de deux pieds de branche ; portant par ſon ſimple un demi cercle gradué, & ſur un de ſes côtés differentes meſures de divers pays : ſur l'autre côté, ſont marquez les differens calibres des pieces, le diametre & poids des boulets, & autres proportions. Sa traverſe eſt auſſi graduée, &c. Il eſt exécuté par le ſieur Langlois.

541 Une Machine très-curieuſe, propre à fendre les roüès de Montres & de Pendules. Elle eſt garnie d'une plate-forme

diviſée, d'un arbre, d'une fraize, avec rouës & pignons néceſſaires à ſes opérations ; le tout très-proprement exécuté en acier & en cuivre.

Cette Machine a été imaginée par le ſieur Enderlin : elle eſt faite pour fendre toutes ſortes de nombres, par le moyen de la plate-forme, qui porte une rouë de 360. avec une vis ſans fin. Elle exige pluſieurs rochets, pour des nombres extraordinaires.

542 Une autre Machine très-compoſée, & des plus intereſſantes pour la Phyſique. Sa conſtruction eſt ſinguliere & ingénieuſe. Elle eſt compoſée de quantité de rouës, chaſſis, ſupports & autres pieces néceſſaires pour en procurer l'effet. C'eſt un des plus beaux Morceaux de ce Cabinet.

Cette Machine eſt exécutée en cuivre par le ſieur Magny, avec une propreté extraordinaire. Son uſage eſt détaillé dans les Leçons Phyſiques de M. l'Abbé Nollet. Elle ſert à démontrer que dans le frotement qui arrive dans le mouvement, c'eſt le poids qui ralentit ce même mouvement, bien plus que l'étenduë de la ſurface ſur laquelle ſe paſſe le frotement.

543 Trois petits Inſtrumens en cuivre ſervant à la Gnomonique, ſçavoir :

Un Rectiligne univerſel.

Un autre Rectiligne univerſel, garni d'un Cadran lunaire.

Un Cadran qui marque l'heure par les hauteurs du Soleil.

544 Un quart de Cercle de cuivre, fait par le ſieur le Maire, propre à diverſes opérations de Gnomonique, garni d'une

grande alhidade, sur laquelle il y a un Zodiaque.

545 Un Anneau universel fait en cuivre par le même, de cinq pouces de diametre, garni de son axe, de son curseur & de son équinoctial; servant à donner l'heure dans tous les endroits du monde.

546 Une Sauterelle de cuivre, faite par Pierre Sevin, d'environ dix-huit pouces de branche; servant à prendre des angles, & portant dans sa charniere un cercle entier divisé, avec une éguille.

547 Deux autres Instrumens faits en cuivre, d'environ huit pouces de diametre chacun, sçavoir:

Un Astrolabe garni de ses Tables, ainsi que de son Araignée & de ses deux alhidades; servant a differens usages Géometriques.

Un autre Instrument propre à faire diverses opérations astrologiques, portant ses trines, ses sextiles, &c.

548 Un Instrument Géometrique, fait en cuivre par Chapoteau, renfermé dans son étui. C'est un demi cercle ou rapporteur divisé, garni d'une alhidade, & propre à lever & transporter des angles.

549 Une fort jolie Machine faite en cuivre, avec differens ressorts, & portant plusieurs cercles dont l'extrêmité du plus grand à dix pouces de diametre. Son usage est pour démontrer que deux Vaisseaux partant le même jour d'un même endroit sous l'équateur, qui tiennent differentes routes, l'un allant à l'Orient & l'autre à l'Occident, & qui mettent le même tems à parvenir à la même

destination, il en résultera nécessairement que l'un arrivera deux jours plûtôt que l'autre. Ce sera, comme il est aisé de le sentir, celui qui aura pris sa route vers l'Orient, dont l'arrivée sera plus prompte; parce que allant au-devant du lever du Soleil, il gagnera chaque jour quelques minutes, tandis que celui qui aura tourné vers l'Occident, trouvera chaque jour, au-contraire, quelques miuutes de retard, & le calcul de ces minutes d'avance pour l'un & de retard pour l'autre, forment cette difference de deux jours. Cette machine porte le nom de *Matthias Kriegsciffen.*

550 Un Cercle d'Arpenteur proprement exécuté en cuivre par *Baradelle*, garni de son alhidade ainsi que de ses quatre pinules; portant sur son alhidade une Boussole couverte & entourée d'un Cadran, avec son genou courbant & ses trois douilles.

551 Une bonne Lunette d'approche de vingt-quatre pouces & demi, montée sur une plaque à peu-près de même longueur, le tout en cuivre, & fait par le sieur le Maire.

552 Un très-bel Aimant artificiel, curieusement travaillé, & different de celui dont nous avons fait mention auparavant. La monture de ce dernier est disposée dans la forme de celle d'une pierre d'Aiman à l'ordinaire : il est garni de ses deux poles & de son pontac de fer, ainsi que de son maintien en cuivre, très-proprement exécuté par Jaques le Maire.

553 Un Instrument de cuivre, monté sur un

pied de bois, & portant une portion de cercle gradué, à l'effet de prendre hauteur.

Un autre joli petit Instrument de cuivre, ou Modele d'une Machine propre à pouvoir prendre en Mer les hauteurs du Soleil. Il est garni d'alhidades & pinules, ayant un sceau monté suivant la Lanterne de Cardan. Ce Modele est tiré du recueil des Machines de l'Académie royale des Sciences, & exécuté par le sieur Magny.

553 Une très-petite Pierre d'Aiman garnie en argent, & forte pour son poids.

Un petit Etui d'Instrument de Mathématique, fait en argent.

Un Porte crayon d'argent dans un Etui de chagrin.

554 Un fort beau * Niveau d'air, renfermé dans un Etui de cuivre, de seize pouces un quart de long, & porté sur une regle de vingt pouces, aussi de cuivre & garnie d'une pinule à chacune de ses extrêmités; laquelle regle varie suivant la détermination d'un genouil placé au-dessous.

555 Un ** Sciatere de cuivre, fait sur le principe de ceux du Pere Pardies.

556 Un autre Sciatere, aussi de cuivre; mais

* Il se fait plusieurs sortes de Niveaux, mais le plus commode & le plus sûr, est le Niveau d'air. Voici comme on le fait: C'est un peu d'air que l'on réserve dans un Cilindre de verre plein d'eau, & scellé hermetiquement par les deux bouts : cet air ainsi renfermé forme une bulle qui, quand elle s'arrête & se fixe justement au milieu du Cilindre, donne la preuve que ce Cilindre est posé horisontalement & de niveau.

** Instrument qui sert à construire des Cadrans solaires.

beaucoup plus composé que le précédent. Il est garni d'un Zodiaque, d'un cercle équinoctial, d'un genouil, de douilles, &c. fait par le sieur Foudrinier.

Cet Instrument est un des plus beaux & des plus exacts que l'on connoisse en ce genre : Son usage est universel dans les opérations de Gnomonique : La maniere de s'en servir est détaillée dans un petit imprimé qui est fort rare.

557 Un Livre de forme *in-quarto*, renfermant une Arithmétique Chinoise garnie de ses nombres en yvoire, de differentes couleurs.

558 Trois petits Modeles de Cadrans solaires, dont deux sont en bois & le troisiéme en plomb; & portant chacun plusieurs Cadrans tracez sur differens Plans. Ils sont faits par le sieur Magny.

559 Un petit Cilindre servant à marquer l'heure.

Un autre plus gros Cilindre, servant au même usage, & portant une Boussole dans son intérieur.

Un petit Globe terrestre, avec plusieurs cercles de cuivre destinez à pouvoir trouver l'heure dans differens Pays, par la hauteur du Soleil. Cette derniere Machine est une des plus curieuses de la Gnomonique, & fort estimée des Amateurs de cette Science. Sa construction est du sieur Magny.

560 Deux autres petits Globes suspendus, l'un céleste & l'autre terrestre, de six pouces de diametre, garnis chacun d'un cercle de latitude & d'un demi cercle de hauteur, & propres à diverses observations astronomiques. Ces deux Globes sont du sieur Pigeon ; leur usage est décrit

dans un petit imprimé, sous ce titre, *Usage des Globes suspendus, inventez par Pigeon.*

Plus tant au haut du Plancher que sur le Plancher d'enbas, sur les Tabletes qui forment des Corps avancez, sur les portes & la boiserie, que sur le peristile de l'escalier, & autres places contiguës à ce Cabinet.

361 Un grand Modele en bois d'un corps de Pompe, établi dans un Bateau qui porte quarante-six pouces de long, sur dix-huit pouces de large, destiné à pouvoir remedier aux Incendies : il est garni de sa Pompe ou Boyau servant à la conduite des eaux.

362 Un autre grand & beau Modele en bois de trente-quatre pouces de long, sur treize pouces & demi de large, & dix pouces de haut, destiné à battre du grain & à le vanner. On en fait usage en Provence. Il est composé de deux corps de Baterie à huit fleaux chacun ; la vannerie est placée au bout d'un des corps de la Batterie. Il fait ses effets par le secours d'un cheval.

Ce Modele a été imaginé par M. Mesrin Inspecteur des Haras de la Provence, & approuvé par Messieurs de l'Académie des Sciences. Il est exécuté par le sieur Magny.

363 Un autre grand Modele de Bateau, de cinquante-deux pouces de long, dont l'effet est de pouvoir remonter l'eau de lui-même, & construit d'une maniere plus simple qu'à l'ordinaire, ayant deux

diſpoſitions differentes, quoique ſur un même principe; l'une agit avec une manivelle qui fait mouvoir deux machines faites en forme d'ailes, & qui ſervent de rames. L'autre agit pareillement avec une manivelle qui fait tourner deux roues à rames, placées de chaque côté, au-deſſous du Bateau. Tous les reſſorts & les machines ſont exécutez en fer. Ce morceau vient du Cabinet du Pere Sebaſtien.

564 Un Support de Lunette d'approche, très-proprement exécuté en bois, de l'invention de Monſieur de Meran, de l'Académie Royale des Sciences; garni d'un poids, corde & tourillon propres à le lever ou à le baiſſer, ſuivant le beſoin.

565 Un grand Niveau de Fer, fait en forme de Croix, & portant ſa lunette d'approche. Il eſt établi ſur le principe de ceux de Monſieur Mariote, & très-bien conditionné.

566 Une très-belle Machine proprement finie; le tout en cuivre poli. Elle eſt faite par le ſieur Langlois. Elle conſiſte en une grande planche de cuivre de dix-neuf pouces de diametre, dont la grande alhidade porte une Bouſſole de quatre pouces, garnie d'un quart de cercle & d'un équinoctial; ayant de plus une lunette d'approche de chaque côté, munie de ſon poids & d'une genouillere placée ſur un trepied de bois mouvant, avec autres dépendances propres à en faire les opérations. Ce morceau, qui eſt de conſequence, ſert à lever des Plans & à prendre hauteur, largeur & profondeur.

567 Une excellente & belle Lunette d'approche, faite par le sieur le Bas, d'environ quatre pieds, renfermée dans un tuyau de chagrin rouge, garnie de cercles & boutons d'argent, montée sur un pied à trois branches mobiles, avec un genouil courbant,

568 Une Pendule singuliere, faite en Allemagne. Le Cadran est supporté par un Lion qui remuë à chaque quart qui sonne : Il se trouve à côté de ce Lion une Figure qui réprésente un Maur muni d'un marteau avec lequel il paroît fraper les heures. Cette Pendule est montée sur un pied de bois quarré, dans lequel il y a un mouvement de carillon à Cilindre de bois.

569 Un fort beau Tableau changeant, dont l'effet se fait avec vitesse, par le secours d'une clef qui le fait mouvoir : Ses changemens representent les quatre Saisons. Il est renfermé dans une bordure de bois sculptée proprement & dorée, & couvert d'une glace.

570 Une Pendule très-singuliere, sonnante & à poids, dont les mouvemens sont de bois à dentelure d'yvoire. Elle est composée de quatre differens mouvemens. Le premier sert de moteur à la Piece. Le second est intermédiaire entre les quarts & la sonnerie. Le troisiéme est pour les quarts, & enfin le quatriéme est pour la sonnerie. Elle represente de plus, les quatre Saisons que l'on voit passer à chaque quart d'heure, & qui sont gouvernées par le mouvement intermédiaire. Cette Pendule porte en outre par sa quadrature le lieu du Soleil & celui de

la Lune dans le Zodiaque, ainsi que les differentes faces de la Lune, & les longueurs des jours & des nuits. Elle est renfermée dans une très-jolie boëte de bois proprement travaillée, qui forme un corps d'Architecture en deux œuvres, avec un Atique au-dessus. Elle est placée sur un grand pied-d'estal de bois peint en marbre, & qui s'ouvre pour donner aux poids & cordages la facilité d'agir, & pour la pouvoir monter. Elle va pendant trente heures.

571 Une autre Pendule à poids, aussi fort singuliere; elle porte neuf pieds de haut; elle bat les secondes & marque les minutes & les heures dans des Cadrans particuliers pour chacune de ses opérations, ainsi que le quantiéme, l'âge & les differentes phases de la Lune. Ces opérations se forment dans une boete & sur un Cadran placé environ à la moitié de la hauteur de cette Machine, au-dessus de laquelle s'éleve un trepied de fer, qui porte dans le haut un autre grand Cadran à la Françoise d'environ seize pouces de diametre, marquant les heures & les minutes; ce qui rend la manœuvre de cette Pendule fort particuliere.

Une de ses singularités consiste aussi, en ce que le Cadran placé dans le haut, ne reçoit son mouvement du corps de la Pendule, que par un fil de soye très-fin, & que le Pendule ou balancier, aulieu d'être placé au-dessous du mouvement, est au-contraire placé au-dessus.

Cette Pendule a été inventée par le Pere Sebastien, & vient de son Cabinet.

Elle

Elle a été remise presqu'à neuf par le sieur Magny, ce qui la rend d'un fort bon usage.

572 Un Morceau très-intéressant exécuté très-proprement en cuivre poli. Il donne l'idée d'un mouvement perpetuel, établi sur un systême particulier. Il agit par le moyen de deux principaux leviers, avec poids & contrepoids, ainsi que par huit bales qui parcourent les huit croisées d'un cercle divisé en huit parties égales; il est muni d'un Pendule qui bat les secondes & qui marque les heures. Cette Machine, qui est très-composée, fait un des beaux morceaux de ce Cabinet; elle est renfermée dans une cage de bois verni, garnie de verres blancs, & montée sur un pied à quatre consoles, aussi de bois verni.

La premiere idée de cette Machine est duë à M. Guillermier; mais celle-ci a été beaucoup perfectionnée par le sieur Magny, qui l'a mis dans l'ordre où elle est actuellement.

573 Une Lanterne magique à boëte de fer blanc bronzé, garnie de sa lampe, son verre de lampe & son miroir de réflexion, avec une petite boëte qui contient vingt-neuf chassis, dans lesquels sont renfermez des verres bien peints, & propres à en faire les expériences.

574 Le Modele d'un Vaisseau d'un pont & demi, portant trente-sept pouces de long, de la poupe à la prouë; garni de tous ses mâts, voiles, cordages, ancres & agrets, canons de bois & autres ustenciles qui en dépendent.

575 Un autre Modele d'un grand Vaisseau,

des plus beaux & des mieux conditionnez que l'on puiſſe trouver. Il porte plus de ſept pieds de la poupe à la prouë; il a deux ponts & demi, & il eſt percé pour cinquante-quatre pieces de canon. Il eſt garni, comme le précédent, de tous ſes mâts, voiles, cordages, ancres, agrets, ſans canons; mais ayant une chaloupe & un canot. Il eſt travaillé dans l'intérieur avec la même régularité qu'un Vaiſſeau pourroit l'être, & orné de differentes ſculptures dorées; ce qui rend cette piece capitale en ce genre. Il eſt de plus garni de cordages & contrepoids propres à le pouvoir placer facilement ſur un grand eſcalier, ainſi qu'il l'eſt, ou bien dans une gallerie.

576 Un très-joli Modele de Galere, d'environ cinq pieds de long, garnie de plus de cinquante rames, ornée de differens agrémens dorez, & munie de toutes les differentes uſtenciles qui lui ſont néceſſaires.

577 Une très-belle Cuiraſſe, garnie de ſon caſque, de ſes braſſieres & de ſes genouillieres, le tout en fer relevé en boſſe & doré preſque par-tout d'or moulu. Les parties cizelées répréſentent differens ſujets de batailles, & autres ornemens d'un très-bon goût & très-bien exécutez. On prétend que cette cuiraſſe a ſervi à Charles IX. Roi de France. C'eſt un des beaux morceaux qu'il y ait en ce genre.

578 Deux Arbalêtes de conſtructions differentes. La plus grande eſt faite à la maniere des Anciens, avec poulies & levier. L'autre qui eſt plus petite & moins compoſée, eſt à manche d'ébaine avec

un bout d'yvoire & un pied d'acier.

579 Une petite Momie en bois, de quatorze pouces de haut, couverte de plusieurs ornemens & hieroglifes peints.

Deux Figures Laponnoises, de bois, homme & femme. Elles sont habillées d'étofes taillées suivant l'usage du Pays.

580 Une Pendule à sable marquant l'heure, les minutes, les douze signes du Zodiaque & les jours de la semaine, portant des rouës & cadrans de cuivre; le tout renfermé dans une boëte de bois & de carton, & exécuté par le sieur Guillermier.

Plusieurs morceaux d'Artillerie, & autres belles Armes à feu.

581 Deux Mortiers de fonte de deux pouces de calibre, montez sur leurs crapaux, aussi de fonte, & affuts de bois, garnis de leurs armatures de fer & coins de mire, le tout très-proprement exécuté.

582 Deux autres Pieces de fonte, dont l'une est un Mortier & l'autre un Pierrier, tous deux de trois pouces de calibre, & montez pareillement sur leurs affuts de bois, avec armatures de fer. Le Mortier est garni de sa bombe.

583 Deux autres Mortiers, aussi de fonte, de deux pouces de calibre, montez ainsi que les précédens, & aussi proprement travaillez.

584 Un autre Mortier de fonte, de deux pouces & un quart de calibre, monté & armé comme les précédens; ayant de plus quatre Instrumens de fer propres à son usage; & une Chevre en bois, ar-

mée proprement en fer, garnie de son treuil, levier, cordages & moufles convenables pour ses opérations. Le Mortier est attaché à cette Chevre, pour pouvoir être enlevé.

585 Deux autres Mortiers, aussi de fonte, de deux pouces de calibre, garnis comme les précédens, & montez avec la même propreté.

586 Deux autres jolis petits Mortiers chambrez de quinze lignes de calibre; ils sont de fonte ainsi que leurs armatures, & portent les Armes du Roi.

587 Un autre Mortier de fonte à grenades, & propre à jetter sa bombe, ainsi que douze grenades. Il est garni de sa bombe, & monté sur son crapeau de bois, armé de fer.

588 Un Pierrier de fonte de deux pouces & demi de calibre, monté comme la piece précédente.

589 Le Modele d'un Ponton avec son chariot & son avant-train, garnis de quatre roues ferrées: Ce Ponton est couvert sur tous les cotés de plaques de cuivre jaune, & porte plusieurs plate-formes & autres instrumens propres à la charge des canons.

590 Deux petits Canons de fonte d'un pouce de calibre & de vingt-deux pouces de long, cizelez & armoriez, garnis de leurs roues ferrées & affuts aussi ferrez, ayant chacun un écouvillon, un fouloir & charge de poudre.

591 Un joli Modele de Charette d'Artillerie, garnie de differens barils & autres ustenciles propres à l'Artillerie, soutenue sur son essieu de fer, avec ses deux roues ferrées.

592 Un autre Canon, aussi de fonte, d'un pouce de calibre & de vingt-deux pouces de long, garni de son avant-train, roues & affut, ferrez suivant l'usage ordinaire ; portant sa charge, son fouloir & son tirebourre, le tout très-régulierement fait, & proprement fini.

593 Deux autres plus petits Canons de fonte, de dix lignes de calibre, avec un avant-train servant à tous les deux ; garnis ainsi que le précédent, & finis avec le même soin.

594 Le Modele d'un Pierrier de quinze lignes de calibre, avec ses roues, affut & avant-train sans limon, le tout ferré : Son mortier est de bois.

Un Chariot à conduire les canons, garni de son avant-train ferré selon l'usage ordinaire.

La plus grande partie des Mortiers & Pierriers ont été montez par le sieur Magny, ainsi que les autres attirails, & toute cette Artillerie est faite avec une exactitude & une propreté extraordinaire, tant pour la fonte que pour les montures.

594 Un magnifique Fusil à canon, & ornemens d'acier damasquinez en or ; marqué, *fait par Chateau.* Ce Fusil a été donné par feu Monseigneur à Monsieur le Comte de Rion Colonel du Régiment Dauphin, qui le céda à feu Monsieur Bonnier de la Mosson, quand il eut obtenu du Roi l'agrément pour l'achat de ce même Régiment.

Un autre beau Fusil, aussi à canon & ornemens d'acier damasquinés en or. Ce dernier est marqué, *fait par Grasbé,*

Un autre beau Fusil à deux coups, marqué, *fait par le Hollandois.*

Neuf autres Fusils faits & garnis très-proprement en argent par le sieur la Roche, parmi lesquels il y en a un de conséquence qui est à canon d'Espagne. Tout le monde connoît la rareté & la bonté de ces canons.

Deux autres Fusils, aussi très-propres, faits par le Hollandois.

Deux autres jolis Fusils de femme, dont l'un est fait par le sieur la Roche, & l'autre par le Hollandois.

Deux Mousquetons.

Une jolie paire de Pistolets à deux coups.

Deux autres paires de Pistolets.

Une Gibeciere garnie en argent.

Ces Fusils seront tous détaillez à la vente.

Figures Chinoises & ustenciles à leurs usages; Globes & Spheres de differens Auteurs & Diametres; Sphere mouvante; Clavecins; Orgues & autres Instrumens de Musique de consequence; Machines d'Optique singulieres; Tableau mouvant, & autres curiosités dispersées dans plusieurs lieux.

Une Tente Chinoise garnie de cerceaux de bois verni, & d'un pavillon de soye jaune écrue. Cette Machine singuliere, facile à transporter & à se tendre promptement, est renfermée dans une boete longue & étroite, de bois pareillement verni, dont chacune des deux parties, sert de pied pour la tendre. Elle peut se placer dans l'Eté, sur un lit, pour se garantir des mouches & d'autres insectes.

596 Deux Globes de douze pouces de diametre, l'un cœleste & l'autre terrestre; tous deux faits par M. de l'Isle Géographe du Roy: Ils sont garnis de differens cercles de cuivre, & montez, chacun, sur un trepied de bois sculpté & doré, dans le bas desquels il y a une boussole garnie de cercles de cuivre.

597 La répréséntation d'un Sauvage Indien, de grandeur naturelle, orné d'un bonnet, de plusieurs ceintures, bourses, instrumens & autres ustenciles à l'usage des Peuples de ce pays.

598 Une autre Figure Chinoise, aussi de grandeur naturelle, avec bonnet, chemise, caleçon, doubles brodequins, robes, pipe & autres vêtemens & ornemens propres aux Chinois.

599 Une des plus belles Pieces & des plus intéressantes qui soient dans ce Cabinet; c'est une Sphere mouvante, établie sur le sistême de *Ticho-Brabé*. Comme ce morceau est de conséquence, il est nécessaire d'entrer dans le détail de sa construction, & d'en donner une idée qui puisse rendre compte, en partie, de ses effets & de son mérite.

Cette Sphere mouvante a deux pieds de diametre; on y a suivi, comme je viens de le dire, le sistême de *Ticho-Brabé*. Elle est exécutée en cuivre & composée des huits cercles ordinaires, qui sont les deux Colures, l'Equateur, le

Zodiaque, les deux Tropiques, & les deux Cercles polaires.

La terre est au centre de cette Sphere; elle a un mouvement de Rotation en vingt-quatre heures sur son axe, qui est incliné à l'Ecliptique de vingt-trois degrés & demi; son globe est supporté par un petit cercle qui lui sert de Meridien.

La Lune qui est ensuite, fait sa révolution autour de la terre, dont elle tire ses differens mouvemens, & qui lui fait marquer ses phases, son lieu dans le Zodiaque, ses conjonctions & oppositions avec le Soleil, & sa latitude.

Le Soleil, dont le Globe est répréſenté par une boule dorée, fait pareillement sa révolution autour de la terre en une année, sur les poles de l'Ecliptique, & il emporte avec lui les orbes des cinq planetes de Saturne, Jupiter, Mars, Venus & Mercure, qui ont le Soleil pour centre de leurs révolutions.

Les Orbes des trois Planettes supérieures, Saturne, Jupiter & Mars, envelopent le Soleil & la Terre; & ceux des deux Planettes inférieures, Venus & Mercure, envelopent seulement le Soleil.

Par le moyen du mouvement des Planetes autour du Soleil, on voit de la Terre leur lieu dans le Zodiaque, leur Apogée & Perigée, leurs directions stations & retrogradations, ainsi que leurs differens aspects; on voit aussi les conjonctions supérieures & inférieures de Venus & Mercure, & les Phases de ces deux Planettes, qui sont contraires à celles de la Lune : car lorsque la Lune paroît le soir elle est dans son croissant, & lorsqu'on la voit le matin elle paroît dans son déclin ; au lieu que Venus & Mercure paroissent le soir quand ils sont dans leurs déclins , & le matin quand ils sont dans leurs croissans.

Le Satellite de Jupiter fait aussi sa révolution autour de cette Planette , pour connoître ses immersions & émersions.

Le mouvement est donné à cette Sphere par une Pendule qui est au-dessus, & qui termine la Machine. Cette Pendule va huit jours , & elle sonne l'heure & la demie ; elle porte de plus des Cadrans sur ses quatre faces.

Le premier Cadran marque l'heure & les minutes.

Le second marque les Phases de la Lune, son âge & son lieu dans le Zodiaque.

Le troisiéme marque l'Année courante , les Lettres Dominicales & l'Epacte.

Le quatriéme enfin , marque le lieu du Soleil dans le Zodiaque, le jour du mois , & l'heure du lever & du coucher du Soleil pour l'élévation du Pole de Paris.

Quoique deux de ces Cadrans ne paroissent qu'une répétition des mouvemens de la Sphere , par rapport au Soleil & à la Lune , ils ont cependant leur utilité, parce qu'ils servent de Tables Astronomiques pour remettre ces Planettes dans leurs positions, lorsque l'on a fait quelques démonstrations avec la Sphere.

Ces démonſtrations ſe font en ôtant la communication de la Pendule à la Sphere, ce qui s'exécute en deux manieres; par la premiere, on fait marcher enſemble tous les cercles que renferme la Sphere; & par la ſeconde on fait mouvoir ſeulement le Soleil & les cinq Planettes.

Pour la premiere opération, il faut détourner une petite piece de cuivre qui eſt au-deſſous de la boëte qui ſupporte la Pendule, ce qui fait déſengrener une roüe, & enſuite il faut adapter une petite manivelle au quarré du petit Cadran qui eſt au-deſſous de celui des heures.

La ſeconde opération ſe fait en relevant ſur ſon quarré le pignon qui menne la roüe du Soleil, lequel pignon eſt au-deſſous de la boëte qui ſupporte la Pendule à côté d'un des grands cercles, & qui même traverſe ce grand cercle.

Cette fameuſe Machine eſt montée ſur un pied de marqueterie, garni d'agraffes & autres ornemens de bronze, lequel pied de marqueterie eſt élevé ſur un autre beau pied de bois peint en marbre. Ce morceau peut être regardé comme unique, & doit avoir coûté beaucoup de tems & de dépenſe; il eſt l'ouvrage de Monſieur Fortier, Notaire à Paris, dont le génie & le mérite ſont aſſez connus de tous les Gens de Lettres & les Artiſtes, ſans être obligé d'en inſtruire ici le Public.

600 Un ſuperbe & magnifique grand Buffet d'Orgue d'Appartement, portant trois

Cette orgue n'a point été vendue faute d'enchérisseurs

Claviers, dont le troïsiéme est pour le cornet de récit, a cent vingt-cinq tuyaux, avec son sommier & toutes ses dépendances, dont voici le détail :

Les jeux du grand Orgue avec un clavier entier de quarante-huit touches, sont :

Un Prestant ouvert de quarante-huit tuyaux.

Un Bourdon entier avec Basses de bois & dessus d'étoffe, sonnant le huit pieds.

Une Trompette d'étain de très-bonne harmonie, portant huit pieds de haut, avec quarante-huit tuyaux.

Une Flute à douze tuyaux de bois & trois octaves d'étoffe.

Un Nazard de quarante-huit tuyaux.

Une Doublette de quarante-huit tuyaux.

Une Tierce de quarante-huit tuyaux.

Un plein Jeu ou Cimbale, composé de six tuyaux sur touche.

Un Cromorne d'étain de quatre pieds de hauteur, à quarante-huit tuyaux.]

Un Tremblant doux & un fort.

Une Tirasse de Pedales.

Tous ces Jeux sont en très-bon état ; ainsi que les sommiers, boursetes, mouvemens, bassecules, claviers, abregez très-libres ; les deux soufflets tous deux cachez dans le pied de l'Orgue, & ne paroissant point au-dehors.

Ce Buffet est orné à son extérieur d'une montre, suivant sa hauteur & sa largeur qui sont de neuf pieds sur quatre, avec la profondeur proportionnée ; la boëte est exécutée en menuiserie toute neuve, avec des ornemens d'un très-bon goût, & parfaitement sculptez & dorez; il y a un Pupitre de fer bronzé, ainsi que toutes les fermetures convenables. Ces Orgues peuvent aussi convenir à une Communauté ou à quelqu'autre Eglise de peu d'étenduë.

601 Un autre plus petit Buffet d'une belle Orgue particuliere & à deux usages, d'environ sept à huit pieds de haut sur quatre de large, & dix-huit pouces de profondeur; le tout à fond blanc & filets dorez.

Ce Buffet renferme une Orgue composée de six Jeux, dont le premier est un Bourdon, le second est un jeu de Flutes; le troisiéme un Nazard; le quatriéme une Doublete; le cinquiéme un Cromorne; & le sixiéme une Trompette: tous ces Jeux sont de trois octaves complettes, de très-bonne harmonie, & du ton de l'Opera.

Cette piece a la faculté de joüer seule un Opera entier, ou sa valeur, par le moyen d'un Cilindre dont un seul tour peut recevoir une piece de soixante & douze mesures à trois tems, avec toutes ses parties; ce Cilindre peut avoir douze changemens differens, c'est-à-dire, douze pieces, dont il y en a déja deux de notées, qui sont l'ouverture de l'Opera de Monsieur de Mondonville avec sa Fugue.

Cette Orgue est des plus solidement & des plus artistement travaillée; elle est unique dans son genre, & la premiere (par rapport à sa force) que l'on ait entrepris de faire joüer par le secours d'un d'un Cilindre & d'une manivelle ; cependant elle est fort douce dans sa manœuvre, & n'est pas plus difficile à faire mouvoir que l'est une moyenne Orgue à Tambour : elle porte deux claviers, un de bois noir avec ses feintes d'yvoire, servant à joüer dessus les pieces que l'on désire exécuter soi-même ; l'autre en acier destiné pour les pieces du Cilindre.

On doit remarquer que ce qui est pour l'ordinaire travaillé en bois dans les autres Orgues, l'est ici en acier & en fer, ce qui contribue à sa solidité ; le tout est porté sur quatre roulettes de cuivre, qui facilitent son transport d'un lieu dans un autre.

Cet ouvrage est de la construction du sieur Magny, qui l'a exécuté en 1738 dans le dessein d'accompagner un joli modele d'Opera fait sur celui de Paris, & de pouvoir amuser agréablement les Spectateurs par son Jeu, pendant qu'ils verroient les effets des machines de cet Opera, dont nous aurons lieu de parler ci-après.

602 Un excellent & beau Clavecin à deux claviers, du fameux Ouvrier *Hans Rukiers*, Flamand, augmenté d'un ravalement par le sieur Goujon, monté sur un pied neuf orné d'une frize & enrichi d'agraffes sculptées, très-bien verni & peint en grotesques.

603 Un autre Clavecin à deux claviers, aussi bon que le précédent, & exécuté par le même *Hans Rukiers*, portant son ravalement fait par le sieur Goujon, monté sur un fort beau pied do-

ré, & ayant sa caisse peinte au dehors en Mozaique, & au-dedans en differens sujets & attributs, &c.

604 Deux excellens Violons, véritables Cremones, dont la réputation est établie & reconnuë, dans l'intérieur d'un desquels on lit sur un petit écriteau imprimé : *Antonius & Hieronimus frat. amati Cremonen. Andr. fil.* 1628. & dans l'autre : *Joseph Guarnerius filius Andreæ fecit Cremon. sub titulo S. Theresie* 1711. ils sont renfermez tous deux dans une boëte de chagrin, garnie tant intérieurement qu'extérieurement de pieds, agraffes, plaques & crochets d'argent. L'un de ces deux Violons est sur-tout regardé par les connoisseurs comme un morceau unique & d'un prix inestimable.

605 Deux jolis Vases Piramidaux d'argent, faits à la Chine en forme de filigrane.

606 Deux Machines d'Optique des plus curieuses & des plus amusantes, dont la description est nécessaire pour en pouvoir connoître le mérite.

La premiere a pour objet de faire monter & descendre une balle d'yvoire perpendiculairement à l'horison par des chemins limitez & avec un mouvement égal, tant dans sa descente que dans son élevation, ce qui produit un effet des plus agréables, & en même tems des plus surprenans. Cet effet provient d'une petite tromperie ingénieusement imaginée, dont on voudra bien me permettre de taire la cause, attendu que la sçachant, cela diminueroit le plaisir de la surprise, & qu'une partie du mérite de cette Piece est de ne point connoître le *Quo modo* de son effet.

Cette Piece est renfermée dans un petit coffre de bois de chêne verni, d'environ quinze pouces en quarré, très-proprement travaillé; elle est de plus garnie d'un petit rideau de taffetas, placé pour éviter les reflets que le jour peut donner dans la glace, & qui empêcheroient de pouvoir examiner facilement ses effets. Elle est faite par le sieur Magny.

La seconde Machine d'Optique n'est pas moins singuliere ni moins amusante; elle représente les divers changemens qui arrivent dans un Opera; ces changemens s'y opérent au moyen d'un bouton que l'on tire à soi.

A l'ouverture de cette Machine on apperçoit une Forêt, au travers de laquelle paroît une Campagne avec des Chasseurs, des Chevaux & autres Animaux.

Le premier changement donne la vûë d'une Grote remplie de plusieurs Ouvriers qui y manœuvrent.

Au second changement on apperçoit une riante Campagne, ornée d'un Bois dans lequel Orphée attire les Animaux par le son de sa Lire; les Baccantes qui viennent pour l'assommer, paroissent dans le lointain.

Le troisiéme changement représente un Palais des plus riches, où paroissent differens Personnages.

On voit dans le quatriéme changement un beau Parterre garni d'Orangers & de Fontaines, ayant dans le fond un grand Jardin formé par des Portiques de verdures, le long desquels plusieurs personnes se promenent.

Enfin le cinquiéme changement qui forme la sixiéme & derniere Piece, représente une Colonade de l'Ordre Ionique, qui a été exécutée à Rome dans une Fête Publique; dans le fond de cette décoration sont trois Portiques, au travers desquels on voit un Parterre terminé par un fond de Paysage.

Il y a aux deux côtés de cette Machine des bras de cuivre pour recevoir des lumieres, afin d'en pouvoir faire les expériences la nuit, ce qui ne produit qu'un plus bel effet.

Cette Piece est d'autant plus agréable que la manœuvre en est très-facile. Il ne s'agit, comme on a déja dit, que de tirer un bouton à soi quand on veut faire un changement, & de le repousser à sa premiere place, pour être en état de le retirer à un autre changement; il y a aussi un autre bouton à côté de ce premier qui sert à faire baisser une toile pour en cacher la manœuvre; la construction de son intérieur satisfait infiniment dans l'examen de la simplicité & de l'aisance des Pieces; son extérieur représente un très-beau pied octogone fait en bois de Hollande verni, & porte deux pieds de diametre, sur environ quatre pieds de haut. Le tout a été imaginé & fait par le sieur Magny.

607 Trois belles Figures Chinoises en cire, deux hommes & une femme, avec les

habillemens qui leur sont convenables. Elles sont renfermées dans un Pavillon à la Chinoise, orné de quatre Colones de l'Ordre Dorique ou Toscan, garni de trois verres, & placé sur un pied d'estal de bois de chêne verni à porte ouvrante, & ayant une glace.

608 Une petite Boëte couverte de peau de Chien de Mer, fermant à clef, ayant en-dedans plusieurs Compartimens de velours, dans lesquels sont placez des instrumens de Mathématique, tant en argent qu'en bois, & faits très-proprement.

609 Une Machine des plus intéressantes de ce Cabinet; c'est le Modele d'un Opera, garni de toutes les Machines & Décorations convenables pour les changemens, & dont les opérations se font avec la même aisance que dans un grand Opera.

Ce morceau est d'une assez grande consequence, (puisqu'il y a tout lieu de le croire unique dans son genre) pour mériter une description exacte, tant de sa construction que de ses effets.

Ce Théâtre ou Salle des Machines est fait sur le modele de celui qui existe au Palais des Thuilleries; on a rassemblé dans cette Machine, autant qu'on l'a pû, les divers mouvemens qui servent à changer les Décorations & les differentes Scenes d'un Opera; il a été assez difficile, dans un si petit espace, de placer un aussi grand nombre de mouvemens, & de leur conserver autant de liberté qu'ils en auroient dans un lieu vaste, sans se nuire les uns & les autres. Comme on a eu intention (pour ainsi dire) de construire un modele qui pût être exécuté en grand, on a employé les mêmes principes & le même mécanisme qui se pratiquent dans tous les Théâtres, dont le premier est l'effort des hommes aidez par les contre-poids, treüils, retraites, &c. ayant évité avec soin tout ce qui tient des Machines vraiment artificielles, comme ressorts, pignons, roües & engrenages.

L'extérieur de cette Machine qui se présente d'abord aux yeux, est un Bâti de Menuiserie, formant une espece de pavillon carré, dont la face a trois pieds de large, & quatre pieds de profondeur, sur six pieds de hauteur. Au haut de ce pavillon, regne autour une petite balustrade, du milieu de laquelle s'éleve un comble, en maniere de dôme, qui couronne cet Edifice. Ce Bâti est peint & décoré dans ses quatre faces de grands pilastres cannellez, avec leurs pieds-d'estaux & leurs chapitaux, & dans le milieu, d'une grande niche dans laquelle est placée une figure en pied. Dans la face du devant on a représenté Apollon comme le Dieu qui préside à la Musique; & dans les trois autres faces, sont les trois Muses qui président aussi à ce genre de spectacle; sçavoir, Melpomene, Thalie & Terpsichore: le tout est peint en grisaille, & ce Bâti est posé sur quatre roulettes de cuivre, placées & disposées de façon qu'on peut facilement, avec une seule main, conduire où l'on veut le total de l'Edifice sans aucun effort, quoique pesant plus de quinze cens livres. Ces rouletes sont de l'invention du sieur Magny.

Quand on veut faire jouer cet Opera, les quatre côtés de ce pavillon s'ouvrent en maniere de portes ; celles des deux flancs étant étenduës, forment à droit & à gauche deux especes de murailles qui cachent ceux qui manœuvrent, & le côté du devant ne s'ouvre qu'à moitié de sa hauteur, en se rabattant sur l'autre moitié qui est fixe ; ce qui donne alors à ce pavillon une ouverture d'environ deux pieds & demi en quarré.

Par cette ouverture on apperçoit la décoration extérieure de la face du théatre. L'endroit où est placée la toile ou rideau, a dix-huit pouces de large sur quinze de hauteur. Cette façade est décorée dans le goût le plus riche ; dans le bas on voit un Orchestre garni de Musiciens, & formé en-devant par un lambris bombé. Aux deux bouts sont deux pieds-d'estaux, sur chacun desquels s'éleve un pilastre terminé par deux petites consoles qui suportent un grand fronton qui embrasse toute cette façade. Entre ces deux pilastres & le quarré qui ferme la toile, est une portion de cercle décorée de trois loges, les unes sur les autres, richement ornées. Les deux côtés de ces deux portions de cercle sont joints immédiatement au-dessous du fronton par un plat-fonds sculpté en Mosaïque ; les corniches, les moulures, l'entablement, le fronton, les consoles & balcons, sont aussi dorez, & tous les fonds sont peints en differens marbres.

Quant au détail des diverses machines qui composent le tout, il n'est pas possible de l'expliquer, ni de les décrire. La vûë seule peut en donner une idée, & il suffit de dire ici que toutes les opérations qui se font sur un grand Théâtre, s'exécutent pareillement sur celui-ci ; on se contentera donc simplement de rapporter les divers mouvemens & changemens qui se passent sur les scenes dans la représentation de ce petit Opéra, suivant l'ordre qu'on y a établi.

On a divisé en un Prologue & cinq Actes cette représentation, à l'imitation de ce qui se pratique dans les Opéra réels.

Prologue.

La rampe se leve, & le devant du Théâtre paroît éclairé.

La toile ou le rideau se leve ensuite.

Alors le théâtre représente le cahos. Les quatre élemens y paroissent confondus ; peu après ils commencent à se mettre en mouvement ; ils se débrouillent enfin ; & par diverses routes contraires, ils prennent chacun le lieu qui leur est destiné. Les nuages & le feu s'élevent dans l'air ; la terre, les rochers & l'eau descendent ; & en prenant leurs places naturelles, ils forment une décoration qui représente l'état de la nature après le moment de sa création.

Acte premier.

Le Théâtre change & représente une vaste forêt, au travers de laquelle on apperçoit une mer bordée de rochers. Cette mer s'agite, & la tempête s'éleve ; on voit alors Neptune sortir du fond des eaux dans son char attellé de quatre chevaux marins ; sa présence fait calmer les flots, la mer devient tranquille. Neptune rentre, le Théâtre se ferme, & n'est plus qu'une sombre forêt.

Acte II.

Le Théâtre fait voir alors le Palais du Soleil orné de colonnes de Lapis enrichies de guirlandes dorées. Les douze heures du jour paroissent dans l'air sur des nuages dispersez autour de ce Palais. Dans le fond on voit le Soleil sur son trône, ayant à sa droite & à sa gauche les quatre saisons de l'année. Plusieurs rayons de lumiere sortent de ce trône brillant, & se perdent dans les côtés & dans les voutes du Palais.

Acte III.

Une Grotte affreuse succede à ce Palais brillant. Medée y paroît dans son char traîné par des dragons ; elle traverse jusqu'à la moitié du Théâtre, où elle évoque les enfers.

Six Démons & trois Furies sortent du fond du Théâtre ; Medée de concert avec eux fait une conjuration : elle acheve ensuite de traverser le Théâtre, & se perd enfin dans les nuës, tandis que les Démons rentrent dans les enfers.

Acte IV.

On voit dans celui-ci une campagne agréable. Le Soleil deſcend du Ciel dans un nuage, qui s'ouvrant peu à peu, devient éclairé & tout brillant de lumiere.

Le Soleil ordonne que l'on célebre ſon culte; le nuage ſe referme; ce Dieu remonte au Ciel; & dans l'inſtant il s'éleve de terre, en ſon honneur, un Temple iſolé & magnifique.

Acte V.

Le ſujet de ce dernier Acte eſt formé par un Jardin délicieux orné de tous les côtés, de Statuës, de Cabinets & de Portiques de verdure. Dans le milieu ſort une fontaine jailliſſante, & l'on découvre dans l'éloignement une ſuperbe Colonade terminée par la vûë d'un riche Palais.

Apollon deſcend dans ſon char attelé des chevaux du Soleil, & s'envole peu de tems après ſur le cintre.

L'Amour paroît enſuite dans ce Jardin ſur un char orné de fleurs & couvert d'un pavillon, d'où ſortent quatre guirlandes qui ſont ſupportées par quatre petits Amours. Il ordonne une magnifique fête; le Théâtre change, & repréſente une place décorée de tout ce qui peut embellir cette fête; on voit s'élever entre des rangs de colones pluſieurs palmiers chargez de Trophées. L'Amour invite les Dieux de l'Olimpe à venir embellir ce lieu par leur préſence, & rendre ce Spectacle plus brillant : il s'envole ensuite doucement sur le cintre.

La ferme du fond s'ouvre; on voit alors descendre du Ciel plusieurs nuages qui s'ouvrent en se croisant les uns sur les autres, & qui se dissipant peu à peu, laissent voir Venus ayant à l'un de ses côtés l'Amour, & de l'autre l'Hymenée. Cette Déesse est accompagnée des trois Graces, & de plusieurs petits Amours qui voltigent agréablement autour d'elle. Venus descend dans le Palais de l'Olimpe; & après avoir terminé cette fête, elle remonte doucement au Ciel avec sa suite.

La toile tombe, & finit ainsi ce Spectacle.

J'ai crû cette description nécessaire pour donner l'idée d'un morceau aussi amusant & aussi vaste, quoique réduit dans un si petit volume, & qui n'a pû parvenir à cette précision qu'après un long travail & une grande dépense.

410 Un grand Serpent d'environ quinze pieds.

Deux autres Serpens à-peu-près de la même grandeur que les précedens.

Deux autres plus petits Serpens.

411 Cinq corps de Tablettes de bois de chêne verni, dont quatre fort grandes sont avec des pieds-d'estaux, sur lesquels s'élevent des montans en palmiers très-proprement sculptez; chacune ornée d'un Tableau fait par M. de la Joue, représentant l'Artillerie, l'Astronomie, l'Optique & les forces mouvantes. Ces sujets font allusion aux differens genres de curiosités que renferme chacune de ces armoires. Tous les montans de ces quatre armoires qui portent les Tablettes, sont

diſpoſez en crémailleres, pour pouvoir baiſſer & monter les Tablettes a volonté, ſuivant le volume des choſes que l'on y veut placer.

612 Quatre grandes Portes de bois de chêne verni, ſervant de devantures d'armoires, garnies de ſeize glaces, dont quatre ſont de quarante-cinq pouces de haut ſur dix-ſept pouces de large; quatre autres de vingt-quatre pouces de haut ſur dix-ſept de large, & les quatre dernieres, de huit pouces de haut ſur dix-huit pouces de large.

613 Un grand Barometre & un grand Thermometre de ſix pieds chacun, conſtruits par le ſieur Magny ſur le ſiſtême de M. de Reaumur, & renfermez dans des bordures de bois uni doré.

614 Deux magnifiques Globes de fayance de dix-huit pouces de diametre, l'un céleſte, & l'autre terreſtre, montez tous deux ſur des pieds triangulaires à conſoles, auſſi de fayance, & ornez de differens attributs qui ont rapport tant à l'Aſtronomie qu'à la Géographie. Ces Globes ſont fort parans, & portent avec leurs pieds cinquante-ſept pouces de haut; ils conviennent parfaitement dans une Gallerie, ou dans une grande Bibliotheque.

615 Deux autres très-beaux Globes faits par M. l'Abbé Nollet, l'un céleſte, & l'autre terreſtre, avec leurs méridiens & petits cercles de cuivre, garnis chacun dans leurs deſſous d'une conſole de cuivre en trépied, & d'une bouſſole de même matiere. Ils ſont montez ſur des pieds de bois proprement travaillez & vernis.

616 Les deux grands Globes du Pere Coronelli

de

de trois pieds de diametre, l'un céleste, & l'autre terrestre, tous deux très-bien conditionnez, & montez sur des pieds de bois quadrangulaires à consoles, & couverts d'une robe de toile verte pour les garantir de la poussiere.

617 Trois Spheres de même grandeur, établies sur differens sistêmes.

618 Un Tableau mouvant de deux pieds de long sur seize pouces de haut, sans comprendre sa bordure qui est garnie d'un verre blanc, & très-proprement sculptée & dorée.

Ce morceau est des plus amusans; il renferme environ soixante Sujets variez, tant en figures qu'en animaux, qui tous sont en action. Les ressorts qui font agir les mouvemens sont faits avec beaucoup d'attention, & disposez de façon que ces mouvemens deviennent lents ou précipitez, selon que l'exigent les differentes opérations des figures & des animaux qui y sont représentez.

Voici en partie les differens Sujets qui agissent dans ce Tableau mouvant:

Des Blanchisseuses qui lavent du linge; un Pêcheur; un Enfant qui joue avec un Chien; un Gagne-petit éguisant des couteaux; un Charpentier qui fait une mortaise; des Poules qui ramassent du grain; des Canards barbotant dans l'eau; plusieurs Tailleurs, Appareilleurs & Scieurs de pierres; deux enfans qui se balancent; un Sculpteur qui travaille sur un Frontispice, avec plusieurs autres ouvriers occupez au même bâtiment.

Au milieu de ce Tableau paroissent deux chemins, dont l'un conduit du bas d'une montagne au haut d'un château, & l'autre va de ce château vers la même montagne. Ces deux chemins sont remplis de voitures, comme charrettes, tomberaux, brouettes, chevaux, mulets, ânes, tous chargez de differens matériaux propres à la construction d'un bâtiment; on voit aussi sur ces chemins plusieurs figures qui portent pareillement differentes ustenciles convenables à un bâtiment.

On apperçoit de plusieurs autres côtés, un Soldat qui fait l'exercice au son du tambour sous l'ordre d'un Officier; deux Moulins, l'un à eau, & l'autre à vent; un Meunier & une Meuniere qui reviennent d'un des Moulins avec plusieurs chevaux chargez.

Tous ces Sujets sont tous en mouvement, comme nous l'avons déja dit, ainsi que plusieurs autres dont le détail deviendroit trop long; ainsi l'on doit juger du travail de cette Piéce par la multitude des differens objets qui y sont représentez.

Le fond de ce Tableau représente une vaste & belle campagne remplie de valons & de plusieurs morceaux d'Architecture. La bordure porte dans la partie du bas deux pieds tournans qui servent à placer ce Tableau sur une table quand on le juge à propos, & qu'on veut l'examiner de plus près.

Outre l'avantage de l'amusement que procure ce Tableau on a eu l'adresse de ménager dans l'interieur du cartouche placé au milieu du haut de la bordure, une petite Pendule à cadran d'émail qui marque l'heure, & dont les ressorts font en même-tems agir des Machines placées dans les quatre coins de la même bordure, qui instruisent du mois, du quantiéme du mois, du jour de la semaine, & du nombre de l'année courante, ce qui augmente encore le mérite de cette Piéce, qui indépendamment de ce dernier mérite, en a par elle-même assez pour pouvoir piquer la curiosité d'un Amateur.

619 Quinze pieces quarrées de cuivre & de differentes grandeurs, qui servent de monnoyes en Suede, & dont on fait usage dans ce pays-là pour les payemens.

620 Un grand Marche-pied à sept marches fait en escalier, avec un appui & un gardefou, le tout de bois de chêne verni, très-proprement & très-légerement travaillé, ce qui le rend d'un usage commode & d'un transport facile.

Numero qui a été oublié dans l'Apoticairerie, & qui doit y être placé.

* 620 Un joli Nécessaire d'Apoticairerie très-complet, & qui peut être regardé comme une Apoticairerie ambulante : il est composé de deux gros flacons de cristal avec cuvetes & bouchons d'argent; de sept autres flacons de cristal, garnis seulement de bouchons & viroles d'argent; d'un petit goblet, d'un entonnoir, d'une cuilliere & de huit boëtes, la plûpart étiquetées & propres à mettre de la Thériaque, de la Confection d'Hyacinthe, de l'Orviétam & autres drogues, le tout

d'argent ; il eſt auſſi garni de differentes autres uſtenciles convenables, comme petits flacons, ſeringues, boëtes, &c. le tout renfermé dans un coffre de bois de noyer.

LE COQUILLIER.

CE Coquillier eſt placé au milieu de la Piéce qui renferme la Bibliotheque. L'arrangement qu'a donné feu M. de la Moſſon à ſes Coquilles, forme le plus beau coup-d'œil que l'on puiſſe s'imaginer. Cet amas conſiderable eſt diſtribué en differens compartimens agréables & élevez, dont le fond eſt garni de ſatin bleu ; ces compartimens ſe détachent de deſſus un fond général, auſſi couvert de ſatin blanc, garni pareillement de Coquilles, ce qui donne tout-à-fait l'idée d'un beau parterre varié par la vivacité & l'émail des couleurs differentes & oppoſées répandues ſur les Coquilles qui s'y trouvent rangées artiſtement ; joint à la ſingularité & à la contrarieté qui ſe rencontrent dans les formes de certaines Coquilles, & qui concourent encore à l'agrément de ce coup-d'œil.

Je n'exagere point dans cette deſcription, & les termes dont je me ſers n'ont point trop de force, puiſque je n'ai procuré la vûë de ce Coquillier à perſonne qui n'ait été ſaiſi d'admiration, & qui ne m'ait fait part de l'effet que cette vûë faisoit sur ses sens.

Cette collection est composée de plus de mille Coquilles, tant Bivalves qu'Univalves, grandes, moyennes & petites, parmi lesquelles se trouvent les plus rares, & entr'autres, la fameuse *Scalata*, qui n'existe à Paris que dans ce Cabinet; des *Amirales*, des *Marteaux*, des *Ailes de Papillons*, des *Uniques*, le *Cochon*, des *Nautiles papiracez* de la belle espece, des *Pelures d'Oignon*, des *Bécasses épineuses*, *&c* la plus grande partie d'une condition parfaite.

Les *Huitres épineuses*, sur-tout, y sont superbes par la quantité, la variété des especes, & les differens groupes & jeux de nature qui y sont fréquens & admirables.

Outre ce Coquillier, il y a encore vingt-sept tiroirs remplis, en partie, de Coquilles qui se sont trouvées doubles & surnuméraires, & qui seront vendues en détail, ainsi que celles du Coquillier, & distribuées selon les numeros énoncez ci-après.

On trouve aussi dans ce même Cabinet un Herbier en très-bon ordre; un Médaillier dans lequel il y a quatre petites Médailles d'or, plusieurs autres grandes Médailles modernes en argent, & quelques Agates arborisées & autres Pierres fines propres à l'Histoire naturelle.

Les volumes d'Estampes sont aussi placez dans ce Cabinet ; on les trouvera ci-après à la suite des Coquilles.

Dans les quatre Compartimens qui forment les quatre angles du Coquillier.

621 Huit Coquilles univalves ou turbinites ; sçavoir :
Une grande Musique.
Deux Brûlées.
Trois petites Aîlées.
Deux petits *Murex*.

622 Six autres Coquilles ; sçavoir :
Une Chicorée.
Un Chausse-Trape rayé.
Deux belles Musiques de differentes especes, dont une est rare & singuliere.
Deux petites Epineuses à pate de Crapeau, rares.

623 Douze Coquilles, dont entr'autres :
Une Musique.
Une Brûlée.
Deux parties de Manche de Couteau.
Deux petites Epineuses.
Une Bivalve violette.
Quelques Oreilles de Midas, &c.

624 Un gros & fort beau Bois vêné.
Deux Casques rayez & à pointes.

625 Quatre gros *Murex*, dont deux sont rayez, & les deux autres sont à cloux, & rares.

626 Vingt petites Coquilles, dont entr'autres :
Une Grimace, rare.

Deux Bois vênez, ou foudres.
Quelques Oreilles de Midas.
Deux petits Porc-Epics, &c.

627 Six autres Coquilles; sçavoir:
Deux *Murex*.
Deux Tourterelles.
Une Grimace.
Une Gaufre, rare.

628 Onze Coquilles, dont entr'autres:
Trois Casques rayez.
Deux Culottes de Suisse.
Deux Tourterelles, &c.

629 Cinq grosses Coquilles; sçavoir:
Trois Bois vênez.
Une grande Oreille de Midas.
Une Aîlée.

630 Deux Musiques.
Deux Chausse-Trapes.
Une Brûlée.

631 Huit autres Coquilles, dont:
Une belle Musique.
Deux Casques rayez à Tubercules.
Deux Epineuses, &c.

632 Deux belles Chicorées.
Un Buccin grené.

633 Douze petites Coquilles singulieres, dont:
Deux Buccins de couleur d'Ambre.
Deux Epineuses à pates de Crapeau.
Une Musique très-coloriée, d'une espece particuliere.
Une Pourpre épineuse à crochets.
Une Brûlée, &c.

634 Six autres Coquilles, sçavoir:
Deux especes de Figues, appellées Uniques, à cause de leurs bouches qui sont à gauche; elles sont rares, & surtout celles-ci, qui ont des rayeures coloriées.

Deux grands & beaux Limas dépouillez, appellez vulgairement Oreilles, de l'eſpece la plus ſemblable à une Oreille, par ſa forme & par ſa grandeur.

Deux autres Limas.

635 Six autres grandes Coquilles; ſçavoir:

Deux Limas à oreille pareils aux précedens, mais avec leurs croutes ou couvertures.

Deux Veſtes Perſiennes, rares.

Deux Moreſques.

Une autre Turbinite.

636 Vingt Coquilles de differentes eſpeces, dont la plûpart ſont des Buccins.

Un grand *Operculum*, &c.

637 Neuf grandes Coquilles, la plus grande partie en Buccins, dont:

Deux grandes Moreſques.

Un *Operculum*, &c.

638 Deux très-beaux & grands Limas de terre extrêmement vifs en couleur.

639 Deux grandes belles Moreſques.

Deux grands Buccins.

640 Sept Coquilles; ſçavoir:

Deux Thuillées.

Deux Scorpions, mâle & femelle, parfaits.

Un petit Chou.

Deux petites Epineuſes, dont une eſt à patte de crapeau.

641 Treize Coquilles, dont:

Deux Scorpions, mâle & femelle.

Deux Figues.

Deux petites Thuillées.

Un petit Chou.

Deux Prépuces.

Deux Rubans, &c.

642 Sept Coquilles ; ſçavoir :

Deux Thuillées.

Deux Caſques pavez.

Deux autres Caſques cendrez.

Un Chou.

643 Un des plus beaux & des plus grands Choux, tacheté vivement de couleur pourpre, & parfaitement conſervé.

644 Six jolies Coquilles ; ſçavoir :

Un petit Chou, dont les taches ſont auſſi d'une couleur de pourpre très-vive.

Deux Thuillées.

Deux Limas terreſtres ou Rubans, dont l'un eſt ordinaire, & l'autre eſt de l'eſpece des Uniques, ayant ſa bouche à gauche.

Une Turbinite cannelée, très-ſinguliere & peu commune.

645 Douze petites Coquilles particulieres ; ſçavoir :

Neuf Limas, dont quelques-uns ſont appellez communément Cornets de Saint-Hubert.

Un Prépuce.

Deux autres petits Limas rubanez, bien rayez, de l'eſpece des Uniques à bouche à gauche.

646 Quatorze Coquilles, dont entr'autres :

Deux *Radix*.

Deux belles Figues.

Deux Damiers.

Deux Limas, dont l'un eſt ordinaire, & l'autre à bouche à gauche, &c.

647 Vingt-ſix Coquilles de differentes eſpeces, dont :

Quelques Scorpions.

Quelques Thuillées.

Plusieurs Limas, &c.

648 Cinq belles grosses Coquilles parfaitement conservées, sçavoir :

Deux Araignées femelles.

Deux Couronnes d'Ethiopie, ordinaires.

Une autre Couronne d'Ethiopie de la belle & rare espece, très-vivement coloriée.

649 Trois autres belles & grandes Coquilles, qui sont :

Une Couronne d'Ethiopie des plus grandes & des mieux tachetées.

Une autre espece de Couronne d'Ethiopie singuliere & sans pointes.

Une Araignée femelle.

650 Cinq Casques de differentes especes, sçavoir :

Deux Casques cendrez.

Deux autres aplatis ou triangulaires.

Un autre appellé le Turban.

651 Cinq autres grandes Coquilles, sçavoir :

Trois Tonnes cannelées de differentes especes, dont une est tachetée.

Deux Turbinites singulieres qui approchent de l'espece des Couronnes d'Ethiopie.

652 Deux belles & grandes Perdrix parfaitement conservées.

653 Huit Coquilles, dont :

Deux Araignées femelles bien coloriées.

Deux autres appellées Millepattes.

Une grande Thuillée à Thuilles rabattues.

Un gros *Radix*, &c.

654 Cinq autres Coquilles de choix & parfaites, sçavoir :

Une petite Araignée mâle.

Un Chou.

Deux Thuillées de differentes especes.

Une Tonne.

Dans six autres Compartimens placez entre les quatre Compartimens ci-dessus énoncez, & la Piéce du milieu.

655 Quatre grosses Coquilles faisant le milieu de chacun de ces quatre Compartimens, sçavoir :

Un Turban.

Un Casque d'une espece singuliere & peu commune.

Une Tonne cannelée.

Un Burgau.

656 Un Morceau particulier composé de deux Huitres de differentes especes attachées l'une sur l'autre, & dont l'une est de couleur de pourpre, & l'autre, aurore.

657 Un amas de plusieurs Coquilles attachées les unes aux autres, & placées sur un morceau de rocher.

Un Groupe de deux Crêtes de Cocq.

658 Deux autres Huitres épineuses, dont l'une est d'un pourpre nué; l'autre de couleur aurore, & attachée à un morceau de rocher.

659 Deux beaux Groupes d'Huitres de differentes especes, liées ensemble par la nature, & dont l'un est de quatre Huitres, & l'autre de trois.

660 Trois petits Morceaux singuliers.

Le premier est une Huitre de couleur d'orange attachée à son rocher.

Le second est une autre Huitre de couleur écarlate, attachée à un morceau de coral blanc.

Le troisiéme est une autre Huitre épineuse ordinaire, attachée sur un *Madrepore*.

Les couleurs jaunes, ainsi que les rouges foncées & les pourpres, sont les plus rares à trouver dans les productions de la mer, & sur-tout dans les Huitres.

661 Deux autres grandes Huitres épineuses, dont l'une est de couleur de pourpre nuancé, & l'autre à pointes jaunes.

662 Deux autres Huitres épineuses, dont une est d'une très-belle couleur d'orange foncée.

663 Un très-beau Groupe de trois Crêtes de Cocq.

664 Une autre Huitre épineuse de couleur de pourpre clair.

Un amas de plusieurs Huitres de differentes especes attachées à un morceau de rocher, & dont l'une est d'une belle couleur d'orange.

665 Deux Morceaux parfaits & rares, sçavoir:

Une Huitre blanche feuillée bien conservée.

Une autre Huitre à grandes pointes, qui a la singularité d'avoir son dessus de couleur d'orange, & son dessous grisâtre à pointes blanches.

666 Cinq petites Huitres épineuses, qui sont:

Deux feuillées.

Deux à grandes pointes.

Une autre tachetée de plusieurs points noirs, & dont les pointes sont très-courtes.

667 Quatre autres Huitres, dont deux sont

feuillées, & deux ſont à pointes.

668 Quatre autres Morceaux ſinguliers, ſçavoir :

Une Huitre d'une forme particuliere & de couleur de ſouffre.

Une autre Huitre placée par la nature dans le deſſous d'une bivalve, & qui en remplit régulierement la forme.

Un *Lepas* couronné de petites plantes corallhoïdes.

Un amas de pluſieurs petites Huitres attachées ſur un morceau de rocher.

669 Quatre Morceaux de la même eſpece que les précédents, qui ſont:

Un *Lepas* couvert de petites plantes corallhoïdes.

Une petite Coquille attachée ſur un *Madrepore*.

Une Huitre épineuſe.

Une Huitre feuillée placée ſur un morceau de rocher.

670 Quatre Huitres épineuſes de differentes eſpeces, dont :

Une petite de couleur d'orange, attachée à un morceau de bois.

Une feuillée de couleur gris-de-lin.

Une autre à courtes pointes, jaunes.

Une à longues pointes.

671 Quatre Huitres d'eſpeces differentes, qui ſont :

Une feuillée.

Une à courtes pointes.

Une à pointes larges dans les extrêmités.

Une autre attachée à ſon rocher.

672 Trois autres Morceaux, ſçavoir :

Une Huitre épineuſe tachetée de brun.

Une autre Huitre de couleur d'orange claire, attachée à un *Madrepore*.

Une grande Crête de Cocq.

673 Quatre autres Huitres épineuſes.

Une qui eſt cruë ſur une autre partie de Coquille.

Une feuillée.

Une à fond blanc & pointes blanches.

Une de couleur d'orange, & attachée à ſon rocher.

674 Quatre autres beaux Morceaux parfaitement bien conſervez, ſçavoir:

Une Huitre feuillée de couleur de gris-de-lin, jointe à une autre petite d'une eſpece differente.

Une épineuſe à fond blanc & pointes blanches.

Une autre épineuſe à grandes pointes larges, d'une très-belle couleur d'orange foncée.

675 Quatre petites Huitres épineuſes de differentes eſpeces.

676 Quatre Coquilles, ſçavoir:

Trois Huitres épineuſes de differentes eſpeces.

Une Crête de Cocq.

677 Quatre petites Huitres épineuſes de differentes eſpeces, parfaitement bien conſervées.

678 Trois autres Huitres épineuſes, dont une eſt feuillée.

679 Trois autres plus grandes de la même eſpece.

680 Quatre Coquilles, qui ſont:

Une Crête de Cocq.

Une petite feuillée.

Une belle Huitre épineuſe parfaitement conſervée.

Une autre d'une eſpece particuliere.

681 Trois Coquilles, ſçavoir :

Une Crête de Cocq à pointes.

Une Huitre feuillée.

Une Huitre à pointes courtes.

682 Trois Huitres, ſçavoir :

Une feuillée d'une couleur de pelure d'Oignon.

Une à grandes pointes, & une à petites pointes.

683 Une grande Huitre feuillée.

Une autre Huitre à courtes pointes.

684 Trois Huitres à pointes des mieux conſervées, dont une de couleur d'orange très-vive ; une autre à pointes de la couleur de gris-de-lin ; & la troiſiéme, à grandes pointes quarrées.

685 Une très-grande Huitre à pointes parfaitement conſervées.

686 Une très-belle Huitre épineuſe de couleur d'orange foncée, attachée à un morceau de rocher.

687 Un Groupe de deux Huitres épineuſes, attachées à un morceau de rocher, dont l'une eſt blanche, & l'autre d'une couleur d'orange très-foncée.

688 Un Groupe de deux grandes & belles Huitres épineuſes.

689 Un autre Groupe de deux Huitres épineuſes, dont une eſt à grandes pointes.

690 Deux Morceaux, ſçavoir :

Une Huitre épineuſe à fond blanc & grandes pointes.

Une Groupe de deux autres Huitres auſſi épineuſes, & d'une forme particuliere.

691 Deux Huitres épineuſes, toutes deux à grandes pointes, dont l'une a le fond

très-blanc, & l'autre, eſt d'une belle couleur d'orange foncée.

692 Deux autres belles & grandes Huitres épineuſes, dont l'une eſt feuillée.

693 Trois Piéces, ſçavoir:
Deux Huitres épineuſes de differentes eſpeces.
Une Crête de Cocq.

694 Une petite Crête de Cocq.
Deux Huitres épineuſes de differentes eſpeces.

695 Trois autres Coquilles des mêmes eſpeces que les précedentes.

696 Un Groupe de deux Huitres ſingulieres.
Une Huitre épineuſe attachée à un rocher.
Une Huitre feuillée.

697 Deux petites Huitres feuillées.
Deux autres petites Huitres épineuſes.

698 Quatre Huitres, dont trois ſont épineuſes, & une feuillée.

699 Sept groſſes Coquilles, ſçavoir:
Deux groſſes Volutes blanches dépouillées.
Deux Couronnes impériales.
Deux Draps d'or.
Un Damier.

700 Huit Coquilles parfaites, ſçavoir:
Deux *Onix* ou Cierges.
Deux Draps d'or écaillés de la belle & rare eſpece.
Une Flamboyante.
Une Aîle de Papillon, elle eſt fort rare à trouver pure & vive de couleur.
Deux *Limas* rubanés jaunes, dont un eſt de l'eſpece des Uniques.

701 Six autres belles Coquilles, qui ſont:

Une grande Olive de la belle & rare eſpece, a compartimens triangulaires.

Une grande Aîle de Papillon.

Deux *Limas*, dont un eſt de l'eſpece des Uniques.

Deux Damiers.

702 Six autres Morceaux, ſçavoir:

Deux pelotes de Beurre.

Deux belles Couronnes Imperiales.

Deux Draps d'or.

703 Huit Coquilles, dont:

Deux Draps d'or.

Deux Damiers d'une couleur particuliere.

Une belle Couronne Imperiale, vive en couleur.

Un Limas de l'eſpece des Uniques.

704 Neuf autres Coquilles, dont:

Trois Draps d'or.

Une Couronne Imperiale.

Deux Navets.

705 Six groſſes Coquilles, ſçavoir:

Deux Pelotes de beure.

Deux Tygres à bandes jaunes.

Un Drap d'or.

Un Damier.

706 Huit Coquilles, qui ſont:

Deux Rubans à petites rayes.

Une *Onix* ou Cierge.

Deux Brunettes.

Deux Spectres de couleurs differentes: cette eſpece eſt fort rare.

Une autre Volute appellée les Nuées.

707 Neuf grandes Coquilles, dont entr'autres:

Deux Nuées.

Trois Tygres.

Une Brunette, &c.

708 Vingt Coquilles toutes Turbinites, de dif-

ferentes especes, comme Olives, Brunettes & autres.

Dans six autres petits Compartimens, qui sont deux petites plates-bandes & quatre petits ronds placez au milieu de chacun des deux grands côtés.

709 Quatorze Coquilles, tant grandes que moyennes & petites, dont:
Un beau Cul-de-Lampe.
Deux Boutons de Camisole, &c.

710 Quatorze autres Coquilles tant grandes que petites & de diverses especes, dont:
Un Cul de Lampe dépoüillé.
Quelques Boutons de Camisole.
Les Génitoires.
Deux Buies d'eau, &c.

711 Trente-neuf autres Coquilles, dont entr'autres:
Deux Culs-de Lampes dépoüillez.
Les trente-sept autres sont très-petites & de diverses especes.

712 Deux Bouches d'argent cannellées & dépoüillées.
Un Limas dépoüillé.
Deux beaux Toits Chinois.
Deux beaux Limas à peau de Serpent.

713 Un très grand Burgau dépoüillé.
Deux autres beaux Limas aussi dépoüillez.

714 Sept autres Coquilles, sçavoir:
Deux Limas à bouches d'argent cannellées.
Un Cul-de-Lampe.
Un petit Limas appellé Molete d'Eperon; ces quatre Coquilles sont dépoüillées.
Une Bouche d'or.
Deux beau Limas à peau de Serpent.

715 Un grand Cul-de-Lampe dépoüillé.
Deux Limas auſſi dépoüillez.
Une grande Veuve.

716 Huit Coquilles, ſçavoir :
Une belle Veuve.
Deux Bouches d'or.
Deux Dauphins.
Trois Limas, dont deux ſont à peau de Serpent.

717 Sept autres Coquilles, qui ſont :
Deux belles Veuves dépoüillées.
Trois Dauphins.
Une Bouche d'argent cannellée.
Un Limas ſingulier.

Dans le Compartiment du milieu qui forme une grande Roſette.

718 Six Coquilles, ſçavoir :
Un des plus beaux & des plus grands Cadrans, ou la Roſette d'Epinette.
Deux Têtes de Becaſſe.
Trois *Lepas* de differentes eſpeces.

719 Deux beaux Cadrans.
Deux Têtes de Becaſſe.
Une Unique.
Trois *Lepas* de differentes eſpeces.

720 Quinze Coquilles de diverſes eſpeces & grandeurs, & entr'autres :
Une Becaſſe épineuſe de la belle & rare eſpece, parfaitement conſervée ; elle eſt la plus difficile de toutes à trouver ſaine & entiere, par rapport à la quantité, a la longueur & à la fineſſe de ſes pointes. Cette Coquille indépendamment des hazards qu'elle court quand l'Animal eſt renfermé dedans ; elle ſe trouve auſſi d'un très-difficile tranſport à cauſe de la fragilité de ſes pointes.
Une Unique.

Un beau Cadran vif en couleur.

Quelques *Lepas* de diverses especes, &c.

721 Une espece de *Madrepore* appellé la Tulipe de Mer.

Deux *Lepas* ou Boucliers.

Deux Becasses épineuses de la rare espece, parfaitement belles & bien conservées.

722 Deux autres Becasses épineuses plus grandes que les précédentes, & de la même espece & conservation.

Trois *Lepas* ou Boucliers, dont deux sont dépoüillez.

723 Une magnifique Becasse épineuse extrêmement grosse, & parfaitement conservée.

Quatre *Lepas*, dont deux sont petits, & les deux autres sont polis, transparans & fort bien écaillez.

724 Quarante petites pieces, tant Coquilles que Tubes vermiculaires, parmi lesquels il y en a de très-singuliers.

725 Quarante autres petites pieces pareilles aux précédentes.

726 Sept grandes Coquilles, sçavoir :

Deux Porcelaines à peau de Serpent.

Une Nacre singuliere.

Deux Harpes ou Cassandres.

Une Becasse.

Une Pinne Marine.

727 Six belles Coquilles, qui sont :

Deux Harpes ou Cassandres.

Deux Olives de la belle espece.

Deux Porcelaines appellées vulgairement Yeux d'*Argus*, très-vivement tachetées ; elles sont rares quand elles se trouvent parfaites, vives en couleur, & les yeux bien marquez.

728 Dix autres pieces, dont ent'autres :

Deux Géographiques : elles ne sont pas communes quand elles sont belles.

Deux beaux Cœurs de *Venus*, &c.

729 Deux grandes Géographiques.

Deux belles *Argus*.

Deux Bulles d'eau rubannées, peu communes.

Deux petits Nautiles de nacre.

730 Deux belles Ailées, dépoüillées, rayées & polies.

Deux petites *Argus*.

Deux Limas verds gaudronnez.

731 Sept Coquilles, dont entr'autres.

Deux belles & grandes Cassandres.

Une grande Porcelaine appellée le Lievre.

Deux Limas à peau de Serpent, &c.

732 Deux belles Géographiques.

Deux Ailées.

Un Cœur de *Venus*.

Deux autres petites Turbinites singulieres à petites rayures, dépoüillées & polies.

733 Neuf Coquilles, dont entr'autres :

Un très-beau & grand Lievre.

Une grande Eguille, découpée & travaillée pour en pouvoir observer l'intérieur.

Quelques Porcelaines, &c.

734 Deux gros Œufs.

Deux grands & beaux Cœurs de *Venus*.

Deux très-belles Olives de la rare espece, vivement tachetées.

Une petite Bulle d'eau rubannée.

735 Trois Coquilles extrêmement rares, sçavoir :

Un grand Fuseau blanc cannellé, d'une espece differente de ceux que l'on trouve ordinairement.

Le Brandon de l'Amour ou l'Arrosoir, très-bien conservé; c'est une espece de Tube vermiculaire blanc, qui ressemble à une racine, & dont la tête est percée de petits trous semblables à ceux d'un Arrosoir, ce qui lui en fait donner le nom.

Une Aiguille aîlée & dentelée du côté de son ouverture : elle est fort rare.

736 Trois autres belles Coquilles, qui sont :

Un autre Arrosoir comme le précédent.

Une Eguille dentelée, aussi pareille à la précédente.

Un Fuseau de l'espece ordinaire.

737 Une autre Eguille dentelée.

Deux belles Tonnes, rares.

Deux Mîtres ou Plumes.

Un Fuseau.

738 Deux Thiares ou Couronnes Papales.

Deux Mîtres.

Deux grandes Eguilles.

739 Six autres Coquilles, dont entr'autres :

La Vis de Pressoir.

Deux Alênes, &c.

740 Deux Fuseaux très-particuliers, en ce que la queuë de chacun se trouve séparée en deux parties par un accident naturel.

Quatre Eguilles de differentes especes.

741 Deux Eguilles appellées vulgairement la Tonne; elles sont fort rares.

Une Eguille à bouche dentelée.

Deux Mîtres.

Un Fuſeau.

742 Un Morceau fort ſingulier ; il eſt compoſé d'un amas de pluſieurs petites Coquilles aſſez rares, appellées communément la Feüille ; elles ſont attachées à une branche de Plante corallhoide.

743 Neuf jolies petites Coquilles, dont entr'autres :

Une belle Aîle de Papillon.

Un petit *Conca Veneris Vetulæ*, &c.

744 Douze autres petites Coquilles de choix fort jolies, & parmi leſquelles il y en a de ſingulieres & de rares, ſçavoir ;

Une jolie Aîle de Papillon.

Un *Conca Veneris Vetulæ.*

Une petite eſpece d'Amirale.

Une petite Thiare papiracée ; eſpece differente de la Thiare ordinaire, celle-ci étant une Coquille de riviere qui n'a aucune couleur.

Deux petits Chauſſe-Trapes cannelés à double queuë.

Pluſieurs autres petites Volutes ſingulieres.

745 Une belle Amirale. Tout le monde connoît la rareté & la conſequence de cette Coquille, & l'on ſçait aſſez qu'elle manque dans nombre de Collections, ce qui en releve le mérite, indépendamment de celui qu'elle a, par la beauté & la vivacité de ſes écailles.

746 Une autre très belle Amirale, vive en couleurs.

747 La fameuſe Coquille appellée la *Scalata* ou l'Eſcalier.

Cette Coquille eſt la plus rare de toutes celles que l'on connoiſſe ; elle eſt

est unique dans Paris, & peut-être n'en pourroit-on pas compter une demie douzaine dans toute la Hollande, qui est le Magasin général de ce genre de curiosités ; elle y est ordinairement poussée à des prix énormes, sur-tout quand elle se trouve de la grandeur de celle-ci ; j'ai été plusieurs fois le témoin de ce que j'avance ici, & cette Coquille m'a toujours paru d'un prix si exorbitant, que je n'ai jamais osé m'en charger : j'en trouvai une dans une Vente que l'on faisoit à la Haye, que j'abandonnai par cette seule raison.

Cette Coquille n'est pas ordinairement grande ; sa couleur est d'un blanc sale & terne, sa forme est fort particuliere, elle approche assez dans son extérieur de celles qu'on trouve en grande quantité sur le bord de Scheveling, Village & Port de Pêcheur, situé à une lieuë de la Haye ; mais la *Scalata* n'a pas la forme si allongée, & son intérieur differe de beaucoup.

Voici la description qu'en a donné Monsieur Dezallier Dargenville dans sa *Conchyliologie*, imprimée in 4°. chez Debure l'aîné 1742. elle est comprise dans la neuviéme famille des Vis, & gravée au milieu de la derniere rangée de la quatorziéme Planche, sous la lettre V. mais celle-ci est bien plus grande que celle qui est gravée dans cette Planche.

La Vis qui occupe le milieu de la derniere rangée, à la lettre V. (dit Monsieur Dargenville à la page 277.) *est digne par sa rareté d'être décrite.*

Sept Spirales coupent toute sa figure piramidale, la derniere revient en cornet vers sa bouche ovale dont elle forme le bourrelet. Ces Spirales sont coupées par des côtes minces, saillantes & très-blanches sur un fond plus sale; elles sont séparées les unes des autres par un petit jour ou espace assez sensible, sur-tout celles d'en-bas, dont les dernieres côtes se réünissent en un point vers le bord de sa bouche.

Sur le fonds du Coquillier.

748 Deux gros Nautiles appellez *Nautilus Crassus.*

Deux grandes Trompes Marines.

749 Un beau & grand Marteau; on sçait la grande rareté de cette Coquille.

750 Un autre Marteau plus petit que le précédent.

751 Quatre autres Bivalves de differentes especes, sçavoir:

Un petit Marteau.

Un Manteau Ducal jaune.

Une Huitre à-peu-près semblable à une Crête de Cocq, mais d'une espece plus rare.

Une Huitre thuillée à pointes arondies; sa forme est dans le goût de celle d'un éventail; elle est aussi rare.

752 Un grand *Nautilus Papiraceus*, parfaitement bien conservé.

Deux Bivalves appellées communément la Tricotée, de la plus grosse & de la plus belle espece.

753 Cinq autres Coquilles, sçavoir:

Un Nautile papiracé, pareil à celui du précédent Article.

Deux autres Nautiles de la belle & rare espece, dont les tubercules sont beaucoup plus fortes, & dont les cannelures serpentent beaucoup plus que dans l'autre, & sont aussi plus serrées. L'un de ces deux Nautiles est avec oreilles, & l'autre est sans oreilles.

Deux beaux grands Eventails, ou Soles.

754 Cinq autres belles Coquilles qui sont;

Une grande Arche de Noé.

Une Ecriture Chinoise.

Une Selle Polonoise, ou pelure d'Oignon; cette espece est fort rare.

Deux especes de Noix de Mer.

755 Huit Bivalves, sçavoir:

Une grande Hirondelle, assez rare.

Une petite Selle Polonoise.

Une belle Arche de Noé.

Deux cœurs de Bœuf en forme d'Arche de Noé.

Deux Rapes.

Un Chagrin.

756 Cinq autres Bivalves, qui sont:

Un gros Cœur de Bœuf épineux, de la rare espece.

Une Pinne Marine à pointes.

Une Pintade.

Une espece de Marteau d'une forme singuliere & très-rare; il differe de l'autre, en ce que celui-ci n'a dans la partie d'en-haut qu'un côté au lieu de deux.

Une grosse Bivalve, aussi fort rare, appellée le Cocluchon, parce que chacun de ses côtés en a la forme.

757 Une Magellane ayant ſes deux côtés.
Trois autres côtés ſéparez de Magellanes.

758 Neuf Bivalves, ſçavoir :
Un Jambonneau.
Deux *Conca Veneris*.
Deux petites Arches de Noé.
Quatre autres Bivalves ſingulieres, d'eſpeces differentes.

759 Six autres Coquilles, qui ſont :
Quatre Peignes, appellez communément Manteaux Royaux.
Un *Lepas* ſingulier.
Un petit *Nautilus Craſſus*.

760 Une grande & belle Bivalve, connuë ſous le nom de la Coraline.
Deux beaux Manteaux Royaux.
Deux Bourſes.
Deux autres Bivalves ſingulieres.

761 Sept autres Bivalves pareilles aux précédentes, & de la même beauté.

762 Cent cinquante Bivalves ou environ, tant grandes que moyennes & petites, qui ſeront diviſées en pluſieurs lots, & parmi leſquelles il y en a de ſingulieres.

Dans les vingt-neuf Tiroirs détachez & ſurnumeraires au Coquillier.

763 Deux Platteaux quarrez, ſur leſquels il y a une quantité de petites Coquilles, pluſieurs Coraux & autres Morceaux de même genre, & qui par leur arrangement forment differens compartimens agréables.

764 Neuf Coquilles, ſçavoir :
Deux beaux Manteaux Royaux, vivement tachetez.

Une Huitre attachée à un morceau de coral.

Une Muſique.

Deux Epineuſes, dont une eſt de l'eſpece des Brûlées.

Un Scorpion, &c.

765 Sept autres Morceaux, ſçavoir:

Un amas de Tubes vermiculaires.

Deux Limas terreſtres, dont l'un eſt couvert & l'autre dépoüillé.

Bernard l'Hermite dans ſa coquille.

Deux Manteaux Royaux.

Une belle Chicorée.

766 Neuf Coquilles, dont entr'autres

Une Papiracée avec oreilles.

Deux petites Huitres épineuſes.

Une autre Huitre jaune attachée à ſon rocher.

Deux belles Perdrix.

Une Géographique, &c.

767 Dix Pieces, ſçavoir:

Une Tête de Becaſſe.

Deux Culs-de Lampe dépoüillez.

Deux Perroquets.

Deux Ourſins de differentes eſpeces.

Un amas de Tubes vermiculaires.

Deux Maſſuës d'Hercule.

768 Six belles Coquilles, ſçavoir:

Un Cœur de Bœuf, fait en Arche de Noé.

Deux Chicorées.

Un Chauſſe-Trape rayé.

Deux Thuillées.

769 Six autres, ſçavoir:

Deux grands Bois vênez parfaits.

Un Œuf.

Deux Tygres.

Un Chou.

770 Sept autres Pieces, qui ſont :

Un amas de Tubes vermiculaires.

Un Ourſin avec toutes ſes pointes.

Deux Tygres à bandes jaunes.

Un Chou.

Deux Perroquets.

771 Six autres grands Morceaux, ſçavoir :

Un très-grand Ourſin garni de toutes ſes pointes.

Deux Tygres.

Un très-beau Chou.

Deux beaux Perroquets.

772 Cinq autres grandes Pieces, ſçavoir :

Un Marteau.

Deux beaux Ourſins.

Un Manteau Ducal, ſur lequel une Huitre ſe trouve attachée.

Une Pinne Marine.

773 Neuf Coquilles, qui ſont :

Une très-belle Tricotée.

Deux Nuées.

Une Sole ou Eventail.

Deux Mîtres ou Plumes.

Une Thiare.

Une Brunette.

Un Drap d'or.

774 Neuf autres, dont :

Trois Huitres épineuſes.

Une Nuée.

Une Sole ou Eventail.

Une Tricotée, &c.

775 Neuf autres, ſçavoir :

Deux Huitres épineuſes.

Une Tourterelle.

Un *Radix*, &c.

776 Neuf Morceaux de diverſes eſpeces, ſçavoir :

Deux beaux Cadrans.

Un Limas terrestre vivement colorié.
Une Huitre de couleur de soufre.
Un Manteau Ducal.
Deux Navets.
Une Couronne Imperiale.
Un Tygre.

777 Neuf autres Coquilles, sçavoir:
Un Manteau Ducal.
Une Eguille singuliere.
Une Rape.
Deux Moirées.
Une Ecriture Chinoise.
Deux Rubans.
Une *Onix* ou Cierge.

778 Douze Morceaux, dont entr'autres:
Deux *Conca Veneris.*
Un autre *Conca Veneris vetulæ.*
Un cœur de *Venus.*
Deux Cœurs de Bœuf faits en Arche de Noé.
Deux Draps d'or, &c.

779 Douze autres Coquilles, sçavoir:
Une Couronne d'Ethiopie singuliere.
Deux Uniques.
Une Crête de Coq.
Deux petites Huitres épineuses.
Deux Draps d'or.
Deux Harpes, &c.

780 Douze autres Coquilles, dont:
Trois petites Huitres épineuses attachées sur un test de coquille.
Deux autres Huitres épineuses.
Une *Onix.*
Une Grimace, &c.

781 Vingt-trois petites Coquilles très-jolies de differentes especes, dont entr'autres:
Deux Pates de Crapaux.
Quelques Limas.

Quelques Bivalves, &c.

782 Dix-huit autres petites Coquilles de différentes eſpeces.

783 Les dix-neuf Tiroirs reſtans, ſont remplis de diverſes Coquilles de toutes ſortes d'eſpeces, tant Univalves que Bivalves, & qui ſeront détaillées tiroir à tiroir.

784 Le Coquillier fait en bois de chêne, très-proprement travaillé. Il porte neuf pieds quatre pouces de long ſur quatre pieds deux pouces de large, & il eſt ſupporté par ſix pieds en conſoles & cannelez, garni de dix-huit tiroirs & couvert de deux grands battans qui le ferment, & qui ſont montez ſur des charnieres extrêmement fortes & artiſtement diſpoſées pour pouvoir facilement renverſer ces battans de chaque côté du Coquillier. Le dedans eſt diſtribué en divers compartimens couverts de ſatin bleu & de ſatin blanc.

L'Herbier.

785 Un fort bel Herbier renfermé dans dix-neuf porte-feuilles de carton, le tout rangé par claſſes avec les noms écrits au bas de chaque plante.

Dans un Médailler.

786 Une Médaille d'or, gravée par Dupré en 1643. répréſentant Louis XIV. & Anne d'Autriche. Elle peſe deux onces, un gros, vingt huit grains.

787 Trois autres petites Médailles d'or, antiques. Une d'Adrien Auguſte, l'autre de

Neron, & la troisiéme d'Antonin. Elles pesent ensemble cinq gros & demi, trois grains.

788 Vingt-cinq Médailles d'argent, toutes de même grandeur, & répréſentant divers événemens arrivez ſous le regne de Louis XV.

Une autre grande Médaille auſſi d'argent, ſur laquelle eſt gravé le Portrait de M. le Cardinal de Fleuri.

Ces vingt-ſix Médailles peſent enſemble quatre marcs, trois onces, cinq gros.

789 Cinq autres Médailles d'argent, tant grandes que petites, gravées ſous le regne de Louis XIV. Elles peſent enſemble deux marcs, trois gros & demi, vingt-quatre grains.

790 Treize autres Médailles d'argent, tant grandes que petites, gravées dans differens Royaumes. Elles peſent enſemble deux marcs, deux onces, cinq gros.

791 Dix-ſept Médailles de cuivre anciennes & modernes, tant grandes que petites, dont une eſt dorée.

Trois autres Médailles d'étain.

792 Une Agathe Sardoine ovale, anciennement gravée.

Un Criſtal de roche de même forme, gravé & monté en or ſur une feuille rouge.

793 Vingt-ſix petites Pierres fines de couleur tant taillées que brutes, comme Malachites, Emeraudes, Grenats, Peridots, Rubis, Jacinthes, &c. Ces pierres ſont propres à mettre dans un Recueil d'Hiſtoire Naturelle.

794 Seize Dendrites ou Agates arboriſées de differentes grandeurs.

795 Neuf petits morceaux de Cornaline d'une très-belle couleur.

Une petite Momie d'or.

Une Croix de Jaſpe montée en or.

796 Vingt-huit autres petits morceaux tant Agates de differentes eſpeces qu'autres pierres, propres à l'Hiſtoire Naturelle.

797 Un Médailler de bois d'Ebene à filets & ornemens de cuivre doré d'or moulu, fait en marqueterie ſur les côtés, & garni de tiroirs de bois de paliſſandre, proprement travaillez. Il eſt monté ſur un pareil bas d'armoire ouvrant ſur les côtés.

ESTAMPES ET RECUEILS sur l'Histoire Naturelle & autres Sciences.

IL ne se trouve point ici des suites d'Estampes détachées, ni des collections, comme dans les Cabinets des Curieux qui s'attachent particulierement à ce genre de curiosité.

Feu Monsieur de la Mosson ne recherchoit les Estampes qu'autant qu'elles pouvoient avoir du rapport à l'Histoire Naturelle qu'il regardoit comme son principal objet, ou à quelques autres Arts ou Sciences qui faisoient aussi partie de sa curiosité. Ainsi on ne verra gueres dans ce qui suit, que des Volumes ou Recueils qui se trouvent ordinairement tous faits sur ces matieres, & parmi lesquels plusieurs sont de conséquence.

Quoiqu'il y ait cependant quelques Estampes détachées, ou Volumes étrangers à ces Sciences, & qui ne contiennent que des choses de pur amusement; & comme, aussi, ces Volumes y sont en petit nombre, & pour ainsi dire, par hazard, on ne peut pas les regarder comme formant ce que l'on appelle un Cabinet d'Eſtampes.

Il y a dans quelques-uns de ces Volumes, pluſieurs Deſſeins de décorations & d'habillemens de théâtre, ainſi que quelques Cartes Géographiques, & autres morceaux de Topographie; comme Vuës, & Plans de Ville, &c.

798 Les Environs de Paris par M. l'Abbé de la Grive en neuf grandes feuilles.

799 Un paquet contenant pluſieurs Plans de Villes & autres morceaux de Topographie.

800 Un autre paquet de pluſieurs Deſſeins de Palais, Egliſes, Trophées, Mauſolés, &c. Ces Deſſeins viennent de Monſieur du Ronderet.

801 Un gros Porte-feuille contenant une grande quantité de Deſſeins d'habillemens de théâtre, venant pareillement de M. du Ronderet.

802 Un autre Volume auſſi gros que le précédent, contenant également une quantité de Deſſeins de décorations de théâtre.

803 Un autre gros Porte-feuille, dans lequel il y a pluſieurs Eſtampes détachées de la ſuite de M. de Crozat.

Un Livre d'Eſtampes gravées d'après des Tableaux de M. de la Jouë.

Un Carouſel imparfait.

804 Le Sacre de Louis XV. relié en veau avec dentelles d'or.

805 Les Fêtes de Madame, reliées en maroquin avec dentelles d'or.

806 Théâtre de Blaeü en trois Volumes, grands *in-folio*,

in-folio, reliure de Hollande.

807 L'Œuvre de *Vander Meulen*, relié.

808 Un Volume relié, contenant diverses Cartes de *Vvischer* & de *de Vvit*, parmi lesquelles il y a plusieurs Cartes Marines.

809 Le Globe cœleste du Pere Pardies avec les Tables ou explications en Latin & en François.

810 L'œuvre de Monsieur de Crozat avec le discours, en deux Volumes *carta maxima*, reliez très-proprement.

811 Un autre Volume *in-folio*, contenant les vûës des plus belles maisons de l'Angleterre.

812 Un Volume de forme oblongue, qui contient les répréséntations de plusieurs bâtimens anciens des Juifs, des Persans & autres, gravez en Allemagne.

813 Un gros Porte-feuille rempli de plusieurs Estampes détachées, tant étrangeres que Françoises, Portraits & autres Sujets, dont entr'autres:

Quelques suites gravées par le sieur Rigaut.

Les cris du Carache.

Quelques Estampes d'après Watteau & Lancret.

Quelques-unes de Bosse.

D'autres de *Carlo-Maratti*, &c.

814 Les Habillemens du Levant de M. de Ferioles.

815 Le Temple des Muses, gravé par Bernard Picard.

816 Les Batailles du Prince Eugene en un Volume *in-folio*.

817 Les Batailles des Princes Eugene, Malborough & de Nassau en 2. Volumes *in-folio*, 1729.

818 Les Coquilles de *Lister*, petit *in-folio*, très-rare, & des premieres épreuves, en reliure de Hollande. C'est le Livre de tous ceux qui traitent des coquilles, le plus difficile à trouver, sur-tout quand il est complet.

819 Un Volume *in-folio*, contenant les coquilles & autres morceaux d'Histoire Naturelle qui composoient le Cabinet de *Rumphius*. Edition de 1711.

820 La Maison de Ville d'Amsterdam, *in-folio*.

821 La Physique sacrée en huit Volumes *in-folio*. reliez en maroquin.

822 Un petit Volume *in-folio*, rempli d'animaux quadrupedes enluminez.

823 Le Cabinet de M. Servieres *in-quarto*.

824 *Museum Beslerianum* 1716. *in-folio*.

825 *Museum Kircherianum*, in-folio, 1620.

826 *Hortus Palatinus*, in-folio, 1620.

827 *Theatrum Machinarum Vvanderbost*; grands *in-folio*, 2. Volumes.

828 Carte Militaire de la Monarchie Françoise, *in-folio*, relié en maroquin bleu, avec dentelles d'or.

829 Le Cabinet de la Bibliotheque de Sainte Genevieve, *in-folio*.

830 Le Cabinet d'Albert *Seba* Apoticaire d'Amsterdam, en deux Volumes *in-folio*, *carta maxima*.

831 Les Plantes du Cabinet du Roi, en deux Volumes *in-folio*. On sçait la rareté de cette suite, qui est presque introuvable.

832 Histoire Naturelle de la *Caroline*, la *Floride* & les Isles *Bahama*, réprésentant divers Animaux, Plantes & Fruits de ces Pays, grand *in-folio*, à Londres 1731. Ces Animaux sont très-proprement enluminez, & ce Volume est parfaitement

beau & intéreſſant ; il eſt relié en maroquin bleu avec dentelles d'or.

833 L'Anatomie de *Bidloo*, in-folio, *carta maxima*, anciennes épreuves. Ce Volume eſt extrêmement rare à trouver des premieres épreuves, comme eſt celui-ci. Les Eſtampes en ſont admirables, il eſt relié en veau, mais très-bien conditionné.

834 L'Anatomie de Guillaume *Covvper*, grand *in-folio.*

835 Les Inſectes de l'Europe, par Mademoiſelle Merian, enluminez, grand *in-folio.*

836 *Hortus Eſtettenſis* très-complet, en un gros Volume *carta maxima*, parfaitement bien conditionné. Ce Livre eſt très-difficile à trouver, ſur-tout avec les quarre parties. Celle de l'Hyver manque fort ſouvent.

837 Le cours du Danube en trois Volumes *in-folio*, *carta maxima*, très-proprement reliez. Les Animaux ſont très-bien gravez.

838 Trois Volumes petits *in-folio*, ſçavoir :
Un Porte-feuille dans lequel il y a vingt-trois petits Deſſeins, tant de Plantes, d'Animaux, que de Figures.
Un Abregé des Arts liberaux.
L'explication des figures des habillemens du Levant.

839 Deux autres petits *in-folio*, qui ſont :
Le Livre à deſſiner d'*Albert Dure.*
Un autre Livre d'Anatomie.

840 Deſcription abregée des principaux Arts & Métiers, *in-quarto.*

841 Théâtre des Inſtrumens de Mathématique de Jaques Beſſon, *in-folio.*

842 *Architectura Curioſa nova* d'André *Bœcle-*

rus, à Nuremberg, *in-folio*.

843 Architecture de Vitruve, *in-folio*, 1673. avec Figures de Sebastien le Clerc.

844 Un Volume *in-folio*, répresentant differens Palais de Rome.

Antiquités de Rome, *in-quarto*.

845 Proportion naturelle & artificielle des choses par *Lomazzo*, petit *in-folio*. Toulouse 1649.

846 Le Siége de Namur, *in-folio*.

Deux Exemplaires des Médailles de Louis XV. l'un en veau & l'autre en maroquin.

847 Cinq Volumes, sçavoir :

Emblêmes Sacrés.
Cruauté des Espagnols dans les Indes,
Monumens & ruines de Rome.
Plantes & Animaux des Indes.
Un autre Volume de Plantes.

848 Les Figures de la Bible, par Jean *Luyken* : Premieres épreuves, *in-folio*.

849 Cinq Volumes *in-folio*, dont quatre répresentent diverses vûës de la Hollande, très-proprement gravées.

Le grand Plan de Paris exécuté par l'ordre de Monsieur Turgot, alors Prevôt des Marchands, monté sur toile avec gorge dorée.

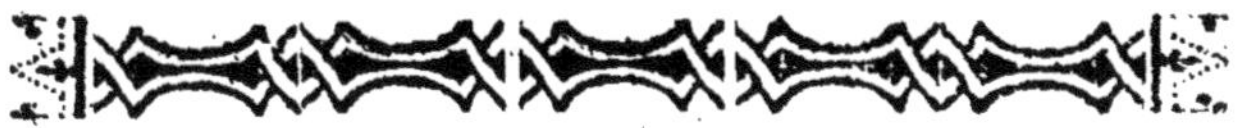

TABLEAUX.

LES Tableaux qui ſe ſont trouvez chez feu Monſieur de la Moſſon, ne forment point, non-plus que les Eſtampes, ce que l'on appelle ordinairement en ce genre, Cabinet. Mais comme il y en a quelques-uns de mérite, & qui ſont peints par d'habiles Maîtres, on a jugé à propos de les inſerer dans ce Catalogue, afin de n'y rien omettre de ce qui peut tenir rang parmi la curioſité de quelque genre que ce ſoit. Il y a quelques Eſtampes & quelques Deſſeins montez que l'on a mis à la ſuite des Tableaux.

850 Un grand Tableau répréſentant Louis XV. à cheval, renfermé dans une bordure de bois ſculptée & dorée.

851 Un Payſage Flaman, peint par *Vanude*, dans lequel eſt répréſenté le jugement de *Midas*. Il porte * vingt-cinq pouces de large ſur ſeize pouces de haut, & eſt renfermé dans une bordure de bois proprement ſculptée & dorée.

852 Deux des plus beaux Tableaux que Monſieur des Portes ait peints; ils répréſen-

* Toutes les meſures des Tableaux ſont priſes ſans y comprendre les bordures.

tent divers animaux, fruits & légumes. Ils portent soixante pouces de large sur quarante-sept de haut ; & sont dans des bordures de bois uni doré, de deux pouces & demi de large.

Ces deux Tableaux, ainsi que plusieurs autres, nous donnent occasion de regretter la perte que nous avons fait depuis peu de ce grand Maître, qui doit être regardé, à juste titre, comme le *Snyders* de la France.

853 Deux Paysages peints par Moucheron, Maître Hollandois, dans leurs bordures de bois sculpté & doré, ils portent vingt & un pouces de haut sur dix-neuf de large.

854 Deux jolis Tableaux d'Architecture peints sur toile par Monsieur de la Joue, de vingt & un pouces de haut sur dix-neuf de large, dans des bordures unies dorées.

855 Un Tableau agréable & vigoureusement peint sur toile par le sieur Raoulx, de cinquante-quatre pouces de large sur quarante-deux pouces de haut, répréfentant un Jardinier & une Jardiniere, renfermé dans une bordure proprement sculptée & dorée.

Le mérite de ce Maître que nous avons aussi perdu il y quelques années, est assez connu. Son Pinceau, est flou, moelleux & approche assez du Flaman. Il s'est toujours attaché à des sujets agréables, ce qui rend les Tableaux de son bon tems, peu communs.

856 Un autre Tableau du même Maître & de la même grandeur, dont le sujet est fort gracieux, il répréfente une Vestale qui allume le feu sacré ; c'est un des

plus beaux Tableaux que ce Peintre ait fait; il est renfermé dans une pareille bordure que le précédent, & peut lui servir de pendant.

857 Deux Copies d'après le Bassan, peintes sur cuivre, de dix neuf pouces de large sur quatorze pouces & demi de haut, très-proprement bordées.

858 Le Portrait de Monseigneur de Vintimille Archevêque de Paris, fait à la plume d'après l'Estampe gravée par le sieur Drevet. Il est exécuté par le sieur Maucourt. Cet ouvrage est fini avec toute la patience possible, & rend l'original avec une exactitude & une précision étonnante. Il porte trente & un pouces de haut sur vingt-deux de large; il est monté sous une glace dans une bordure de bois uni doré.

859 Un Tableau peint sur toile par Monsieur de la Joue, de vingt-quatre pouces de large sur vingt de haut, avec une bordure de bois uni doré. Il répresente le Palais du Soleil.

860 L'intérieur d'une Eglise Flamande peinte sur bois par *Sbiek*, Maître Hollandois. Ce Tableau porte vingt-cinq pouces de large sur vingt & un pouces & demi de haut, il est agréable & clair; le pinceau de ce Maître est beaucoup moins sec que celui de P. Nefs, & les effets de l'Architecture y sont rendus encore avec plus de vérité. Les ouvrages de ce Peintre ne sont pas communs ici.

861 Un très-beau Tableau du *Quintin* Maître Flaman, appellé vulgairement le *Maréchal d'Anvers*. Il est peint sur bois, & très-fini; il répresente un Marchand

Jouaillier dans son Cabinet, qui écrit sur un Registre, & qui compte de l'argent; il porte quarante-deux pouces & demi de haut sur trente pouces & demi de large,

Ce Maître a eu assez de réputation en son tems, qui peut être regardé comme le tems des premices de la Peinture, pour mériter que l'on rende compte du hazard qui l'a déterminé à cet art.

Quintin MESIUS ou MATSYS, surnommé le *Maréchal d'Anvers*, naquit dans cette Ville, sur la fin du quatorziéme siecle, puisqu'il étoit contemporain d'Albert Dure. Dès son enfance il marqua de l'inclination pour le Dessein, mais son pere le contraignit d'apprendre le Métier de Maréchal, qu'il exerça dans ses premieres années; ce qui lui fit donner par la suite le surnom de * *Maréchal d'Anvers*.

La foiblesse de son tempérament ne lui permit pas de travailler long-temps à des ouvrages aussi rudes, sans devenir malade; & comme il étoit pauvre & qu'il n'avoit pas les moyens suffisans

* Il est à croire que ce Métier n'étoit point alors borné à la seule ferrure des chevaux, & à leur pansement, comme aujourd'hui; & que ceux qui le professoient dans ce tems-là, travailloient à toutes sortes d'ouvrages en fer. Ainsi ils méritoient plûtôt les noms de Serruriers, que ceux de Maréchaux ferrans. Peut-être ces deux Professions ont-elles été distinctes depuis.

pour ſe faire guérir d'une maladie dangereuſe, occaſionnée par les fatigues de ſa profeſſion, il fut obligé de ſe laiſſer enfin conduire dans un Hôpital.

Entre pluſieurs amis qui furent le viſiter, il y en eut un qui, pour le diſſiper, lui porta une Eſtampe nouvellement gravée en taille de bois. L'art de la Gravure étoit tout nouveau, & l'on étoit alors curieux & avide de tout ce qui paroiſſoit en ce genre. MESIUS, ſatisfait de cette Eſtampe, & ne ſçachant à quoi s'occuper dans cet Hôpital pendant ſa convaleſcence, prit le parti de la copier en Peinture, pour aider à ſe déſennuyer. Comme il y prit gout, & qu'il s'apperçut qu'il réuſſiſſoit, cela lui donna lieu d'entreprendre quelques Portraits : mais il ne tarda pas à reprendre ſa premiere profeſſion ; & à peine fut-il de retour chez lui, qu'il recommença à battre le fer.

Cependant il ne pouvoit plus s'occuper à de gros ouvrages, & ce fut dans ce tems-là qu'il entreprit de couvrir & d'environner le puits de la Place qui eſt vis-à-vis de l'Egliſe de Nôtre-Dame d'Anvers. Il fit paroître dans cet ouvrage exécuté avec gout, qu'il méritoit d'être employé à des choſes d'une plus grande conſequence. En effet, tous les

Etrangers qui ſe trouvent dans cette Ville, vont voir avec plaiſir la délicateſſe avec laquelle ce fer eſt manié dans les differens feuillages & ornemens qu'il y a placez; ce qui peut être regardé comme un chef-d'œuvre, relativement au tems de ſa conſtruction. Il fit encore quelques autres ouvrages en ce genre, tant à Louvain, que dans d'autres Villes, & il auroit ſans doute continué ce pénible métier, ſi l'amour ne fût venu à ſon ſecours pour l'en retirer.

Il n'avoit gueres plus de vingt-ans, lorſqu'il devint éperduëment amoureux d'une jeune fille qu'il voulut épouſer, auprès de laquelle il ſe trouva en concurrence avec un jeune Peintre qui la recherchoit auſſi. Cette fille qui paroiſſoit avoir quelque penchant pour lui, & vouloir lui donner quelque préference, ſe trouvant preſſée par ſes ſollicitations réiterées, lui témoigna enfin que ſa profeſſion de Maréchal lui déplaiſoit, & que s'il pouvoit parvenir à réüſſir dans la Peinture, elle conſentiroit volontiers à ſa demande.

Il n'en fallut pas davantage pour l'obliger à ſe livrer vigoureuſement à cet Art, quelque difficile qu'il lui parût. C'eſt ainſi que l'amour lui mit le pinceau à la main, qu'il ne quitta plus depuis, & le conduisit à un degré qui le rendit en peu de tems comparable aux meilleurs Peintres de son tems. Il épousa enfin celle qu'il recherchoit avec tant de passion, & prouva ainsi que rien n'est impossible à l'amour.

Quelques-uns racontent differemment cette avanture. Voici de quelle façon je l'ai entendu réciter dans le pays même.

On prétend que celle qu'il recherchoit, étoit fille d'un fameux Peintre, qui, choqué du métier que faisoit le QUINTIN, quoiqu'il y excella, lui dit, qu'il lui accorderoit volontiers sa fille, pourvû qu'il devint aussi habile Peintre, qu'il étoit bon Marechal, ou plûtôt, bon Serrurier. Que le QUINTIN excité par l'ardeur de posseder celle qu'il aimoit, fut trois ou quatre années absent, pendant lesquelles il étudia cet Art, & que revenu enfin à Anvers, il fut rendre visite à ce Peintre, qu'il ne trouva pas chez lui; mais qu'ayant demandé à voir de ses ouvrages, il fut introduit dans son Atelier, où il resta seul à examiner un Tableau qui étoit sur le chevalet, & qui répresentoit un sujet où il y avoit plusieurs Figures nuës. Que le QUINTIN, prit alors le pinceau & qu'il peignit une grosse mouche, sur la cuisse d'une de ces Figures, qui parut si vraye que le Maître de cette maison étant de retour, chercha à la chasser avec la main, la croyant naturelle; que ce même Peintre étonné, demanda sur le champ à son Domestique, qui pouvoit, en son absence, être entré dans son Cabinet, & qu'on lui répondit que c'étoit un inconnu: mais que le lendemain le QUINTIN étant venu le revoir, lui avoua, en le sommant de sa parole, que cette mouche étoit de sa façon; & qu'enfin ce pere ne put lui refuser sa fille, en rendant la justice dûë au mérite de son pinceau.

Le QUINTIN a donné principalement dans les Portraits & dans des Sujets de Vieux & de Vieilles ou dans d'autres caracteres marquez qu'il sçavoit rendre à merveille. Ses Ouvrages sont très-finis, mais d'un pinceau un peu sec, comme l'étoient presque tous ceux de ces premiers Maîtres. Il mourut à Anvers l'an 1529. & fut enterré dans l'Eglise des Chartreux, qui étoit placée dans les fossés de la Ville, & d'où cent ans après ses os furent retirez par les soins de Corneille *Vander-Geest*, curieux & amateur des Tableaux de ce Peintre, pour être mis au pied de la Tour de l'Eglise Cathedrale

thedrale de Nôtre-Dame d'Anvers, où le même *Vander-Geeſt* fit élever en marbre blanc le Buſte du QUINTIN, avec l'Epitaphe ſuivante, qu'on lit encore à préſent, & qui ſert de preuve abregée de ſon avanture.

QUINTINO MATSYS
INCOMPARABILIS ARTIS
PICTORI, ADMIRATRIX
GRATAQUE POSTERITAS
ANNO POST OBITUM
SÆCULARI
CIϽ IϽCXXIX. *Poſuit.*

On lit plus bas écrit en lettres d'or ſur un marbre noir.

CONNUBIALIS AMOR DE MULCIBRE
FECIT APELLEM.

862 Une Tête de Vieillard, peinte par Blanchard, de vingt-ſept pouces de haut ſur vingt-deux de large, dans ſa bordure dorée.

863 Deux beaux Payſages peints ſur toile par Ruyſdal, Peintre Hollandois, dans des bordures proprement ſculptées & dorées. Ils portent vingt-quatre pouces de large ſur dix-huit de haut.

* 863 Un Tableau peint ſur toile, de quatre pieds ſur trois, repréſentant Enée & Didon, & renfermé dans une très-bel-

le bordure de bois ſculpté & doré.

Ce Tableau eſt de deux mains differentes ; le fonds & les habillemens ſont de Monſieur de la Jouë, & la tête eſt de Monſieur Raoulx.

364 Un très-beau Tableau peint ſur toile par M. Deſportes, repréſentant un Chien en arrêt. Il eſt renfermé dans une bordure ſuperbe, ornée de differens Animaux & Attributs de Chaſſe, parfaitement bien ſculptez & dorez ; cette bordure eſt ſurmontée d'un Cartouche où ſont repréſentées les Armes de feu Monſieur de la Moſſon. Ce Tableau porte quarante-trois pouces de large ſur trente-trois de haut.

365 L'Intérieur de l'Egliſe de Notre-Dame d'Anvers, peint ſur bois par Pitre Nefs, Peintre Flamand, avec de jolies figures du Franck. Ce Tableau eſt agréable & clair ; il porte trente & un pouces de large ſur vingt & demi de haut ; ſa bordure eſt ancienne.

366 Un Tableau Italien de forme octogone, renfermé dans une bordure quarrée ; il porte trente-quatre pouces de large ſur vingt-deux de haut, & repréſente l'Aſſemblée des Dieux.

367 Un Payſage peint ſur bois par Vanude, dans lequel il y a une Fuite en Egypte, dans ſa bordure de bois doré ; il a vingt-trois pouces & demi de large ſur quatorze & demi de haut.

368 Un Portrait ovale du Cardinal Duc d'Albe, peint en émail, de quatorze pouces de haut ſur onze de large, renfermé dans une bordure quarrée & dorée. Il eſt rare de trouver des portraits en émail de cette grandeur.

869 Plusieurs Dessus de Porte, dont quelques-uns sont peints par Monsieur de la Joue.

870 Quelques autres Tableaux de moindre valeur, répandus dans divers appartemens.

871 Deux jolis petits Pots de Fleurs en miniature, dans des bordures unies, dorées & garnies de verres blancs.

872 Vingt-six petits Tableaux très-bien peints sur velin en miniature, représentant differens oiseaux étrangers, montez dans des bordures de bois uni doré & garnies de verres blancs.

873 Les Portraits de Loüis XIV. & de Loüis XV. gravez & montez en bordures dorées & verres blancs; celui de Loüis XIV. est très-beau d'épreuve.

874 Les Portraits de M. le Cardinal de Fleury & de M. de Beauveau Archevêque de Narbonne, gravez par Drevet, & montez pareillement dans des bordures avec des verres blancs.

* 874 Un Dessein allegorique monté en bordure dorée & verre blanc.

Un petit Paysage de papier découpé avec beaucoup d'art & de patience. C'est l'ouvrage d'une Dame Hollandoise qui a fait de très-belles choses en ce genre. Monsieur Testas fameux Négociant en Pierreries à Amsterdam, m'en a fait voir une grande collection qui est fort estimée dans la Hollande. Il est aussi monté en bordure dorée & verre blanc.

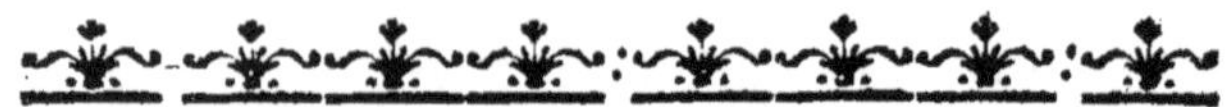

Diverſes Curioſitez meublantes, comme Bronzes dorez & non-dorez, Buſtes de marbre & autres beaux morceaux de ce genre; Porcelaines montées & non-montées; Meubles curieux & Bijoux.

BRONZES.

875 Six beaux Buſtes de marbre de grandeur naturelle, repréſentant pluſieurs Empereurs Romains, qui ſeront vendus par pendans deux à deux.

876 Neuf autres Buſtes de marbre, dont ſix ſont pareils aux précédens, & repréſentent pareillement pluſieurs Empereurs Romains; ceux-ci ſont garnis de gaîne de bois peint en marbre.

877 Un autre beau Buſte de marbre, repréſentant un jeune Roy Maur, ſur ſon eſcabelon auſſi de marbre.

878 Le Buſte de Loüis XIV. très-bien ſculpté en marbre blanc de grandeur naturelle, ſur ſon eſcabelon auſſi de marbre.

879 Le Buſte de Loüis XV. auſſi exécuté en marbre blanc & ſans gaîne.

880 Deux magnifiques Buſtes antiques, dont les têtes ſont de bronze, & les habillemens de marbre. Ils ſont montez ſur de fort beaux eſcabelons auſſi de marbre. Ces deux morceaux ſont en grande réputation.

881 Les deux Vaſes de Medicis exécutez en

bronze, ſupportez ſur des eſcabelons de bois d'amarante, garnis de bronze en couleur.

882 Deux Bronzes agréables & bien réparez, repréſentant Neptune & Amphitrite, montez ſur des pieds de marqueterie, ils portent vingt à vingt & un pouces de hauteur ſans les pieds.

* 882 Un très-beau Bronze, repréſentant le Fleuve du Nil couché, & monté ſur un pied de bois noir, garni de pluſieurs ornemens auſſi de bronze, avec un encrier & un poudrier d'argent, qui ſont placez à chacun des bouts de ce pied.

883 Un autre beau Bronze de vingt-ſix pouces de haut, non compris ſon pied, qui eſt de bois noir à filets de cuivre; il repréſente Mercure prenant ſon vol, & l'Amour qui le retient.

884 Deux Groupes de bronze, repréſentant deux combats d'Animaux; ils ſont ſans pieds.

885 Deux autres Bronzes auſſi ſans pieds, dont l'un repréſente le Rémouleur, & l'autre une *Venus* ſortant du bain.

886 Deux jolis Bronzes très-bien réparez & montez en girandoles à deux branches. Ils repréſentent deux differentes chaſſes.

887 Deux autres jolis Chandeliers de bronze doré d'or moulu, ſoutenus par un Amour, & très-bien réparez.

888 Deux Girandoles à deux branches, auſſi de bronze doré d'or moulu, & d'un très-bon goût.

889 Un grand Bronze de dix-ſept pouces de large dans le bas ſur vingt-huit pouces de haut; il eſt monté ſur un grand & magnifique pied de bois peint en marbre orné de ſculpture & de dorure. Le

ſujet de ce Bronze eſt Milon , ce fameux Athlete de Crotone, dévoré par une Bête Sauvage dans le tems qu'il veut avec effort fendre un chêne en deux, dans le milieu duquel ſes mains ſe trouverent preſſées & embarraſſées ſans pouvoir les retirer, ce qui lui cauſa la mort , n'ayant pû ſe défendre contre cet Animal.

890 Deux Plaques à papier de bronze doré d'or moulu , repréſentant deux Lyons.

891 Deux grands Gladiateurs de bronze, montez ſur des pieds de bois noirci.

892 Deux Burettes de bronze , de quatorze pouces de haut.

893 Louis XIV. à cheval, exécuté en bronze , de dix-huit pouces de haut, monté ſur un pied de bois noir, qui porte un bas relief qui repréſente une Bataille.

894 Un Groupe de cinq figures ; Bronze allegorique de trente pouces de haut ſans pied; il repréſente le tems qui couronne la Vertu.

895 Deux Renommées de bronze à cheval, de vingt-trois pouces de haut , ſur terraſſes auſſi de bronze, montées ſur des pieds de bois noirci , avec ornemens de bronze; le tout placé ſur deux belles Bibliotheques de bois violet , ornées auſſi de bronze doré d'or moulu.

896 Deux beaux Groupes de bronze, de vingt pouces de haut, montez tous deux ſur des pieds de bois noir, garnis d'ornemens de bronze; l'un repréſente l'enlevement d'Orithie, & l'autre celui de Proſerpine.

897 Deux autres petits Groupes de bronze à trois figures chacun , montez ſur des

pieds de bois noir à filets de cuivre.

898 Un autre Groupe de bronze, de treize pouces de haut, monté ſur un pied de bois doré, & repréſentant deux Athletes qui lutent enſemble.

899 Un très-beau Bronze, repréſentant Andromede attachée au rocher; il porte dix-neuf pouces de haut, & il eſt monté ſur un pied de bois noir orné d'agrafſes de bronze.

900 Quatre petits Bronzes montez ſur des pieds de bois noir, ſçavoir:

Deux Lampes antiques ſingulieres.
Une petite Baigneuſe.
Un petit Endimion.

901 Quatre Buſtes de bronze, montez ſur des pieds noirs ornez de divers agrémens de bronze en couleur, & repréſentant les quatre Parties du Monde.

902 Deux Bronzes de dix-neuf pouces de haut, dont l'un repréſente une *Venus*, & l'autre le Lantin; ils n'ont point de pieds.

903 Deux Animaux ſinguliers en bronze, montez ſur des pieds de bois noir.

904 Une *Venus* en cire qui dort ſur un gazon; elle eſt couverte d'une châſſe garnie de tringles de cuivre & de verres blancs.

905 Pluſieurs autres beaux morceaux de Bronze dorez d'or moulu tant en luſtres qu'en feux, Girandoles, Bras de cheminée, grands & petits Chandeliers, &c.

Diverſes belles Porcelaines tant nuës que montées en argent & en bronze doré d'or moulu.

906 Un joli Pot-pourri de Porcelaine de Saxe, repréſentant un Maur qui tient une Corbeille : il eſt garni d'une Terraſſe & autres ornemens de Bronze doré d'or moulu.

907 Deux Vaſes de Porcelaine de Saxe à Miniatures, garnis de pieds & cercles de bronze doré d'or moulu.

908 Un Cabaret de même Porcelaine de Saxe à Miniature, compoſé d'un Pot à Sucre, d'une Theyere, & de deux Goblets avec leurs ſoucoupes, ſur un plateau de bois rouge verni.

909 Un autre Cabaret auſſi de Porcelaine de Saxe en Miniature, compoſé d'un Pot au Lait & de deux Gobelets, tous trois avec leurs ſoucoupes & plateau de bois rouge verni.

910 Un joli Cabaret de Lac des Indes noir & or, avec deux Taſſes & un Sucrier de Porcelaine de Saxe.

911 Une grande Theyere d'ancienne Porcelaine bleue, garnie d'un Pied, Bec & Chaîne d'argent.

912 Trois Gobelets d'ancienne Porcelaine verte ſinguliere & ſemblable à un Caillou, avec leurs ſoucoupes, le tout garni très-proprement en argent.

913 Un Rocher de Porcelaine de la Chine, garni de Figures.

Deux Pagodes de Porcelaines couchées.

Deux autres Pagodes de Pierre de Lar.

914 Une petite Tablette de bois verni, garnie de trois jolis Pots-pourris, de plusieurs petites Figures & Animaux de Porcelaine de Saxe, avec une Tasse en Miniature à fond d'or de même Porcelaine, & son plateau de bois verni en forme de feuille.

915 Un Pot-pourri de Porcelaine singuliere, garni de cercles & pied d'argent.

916 Quatre grands Gobelets d'ancienne Porcelaine blanche à Fleurs de relief, avec leurs soucoupes, dont deux sont à jour.

917 Un joli Cabaret de Porcelaine de Saxe à Miniature, composé d'une Theyere, d'un Pot au Lait, & de deux Gobelets avec soucoupes & plateau de bois verni.

Une Ecuelle couverte, avec sa soucoupe, de même Porcelaine à Miniature.

918 Deux belles Cascades avec Figures Chinoises, le tout de Porcelaine; elles sont montées sur des pieds de Bronze, très-propres, & dorez d'or moulu.

919 Deux jolis Groupes de Sujets galans de Porcelaine de Saxe, & formant tous deux les mêmes Sujets.

920 Une magnifique Pendule placée au milieu d'une quantité de Figures & d'Animaux de Porcelaine de Saxe, qui forment ensemble un Sujet champêtre & agréable, avec une danse paysane. Cette Pendule est aussi ornée de Bronzes dorez d'or moulu, & d'arbres & feuillages exécutez en cuivre émaillé avec fleurs de Porcelaine. Les troncs & branches des grands

arbres, ainsi que le lierre qui circule autour de ces arbres, sont pareillement de Bronze doré; la Pendule est du sieur Magny; elle porte en tout, compris les ornemens, vingt-huit pouces de haut sur vingt-un pouces de large, ce qui fait un Morceau de conséquence & d'un grand travail: cette Pendule va pendant douze jours.

921 Deux Girandoles à trois branches, composées de deux grands Oyseaux de Porcelaine de Saxe, placez sur des troncs d'arbres, & montez sur des Bronzes dorés d'or moulu, avec branchages émaillez, & garnis de fleurs de Porcelaine.

922 Un magnifique & grand Vase de Porcelaine craquelée, très-bien garni en Bronze doré d'or moulu, & parfaitement réparé.

923 Deux grands Oyseaux de Porcelaine de Saxe, placez sur des troncs d'arbres, & montez sur des pieds de Bronze doré d'or moulu.

924 Deux gros Doguins de Porcelaine de Saxe, couchez sur des carreaux de velours bleu, garnis aux quatre coins d'un gland d'or, & dont le tour est aussi brodé en or.

925 Deux gros Pots-pourris de Porcelaine de la Chine à fleurs, sur un fond verd, garnis de pieds, cercles & couronnemens de Bronze doré d'or moulu.

926 Sept jolies Pagodes de terre, dont deux sont de la Chine.

927 Deux Rochers de Porcelaine de la Chine, garnis de figures.

Quatre Bouteilles quarrées d'ancienne Porcelaine.

928 Deux grandes Urnes de porcelaine de trente-trois pouces de haut.

Deux grands Rouleaux de même porcelaine.

929 Quatre Fruits dans leurs ſoucoupes ou aſſiettes garnies à l'entour de differentes feuilles découpées, le tout de porcelaine de Saxe.

930 Six petites Taſſes de Porcelaine de Saxe à Miniatures propres pour le Ratafia, avec une Soucoupe contournée en forme d'Eventail, ſur laquelle il y a un très-joli Sujet champêtre.

Deux Bouteilles auſſi de Porcelaine de Saxe en mille fleurs, & garnies de pieds de Bronze doré d'or moulu.

931 Un beau Pot-pourri de Porcelaine truitée, garni très-proprement en Bronze doré d'or moulu.

932 Deux Chandeliers de Bronze doré, avec feuillages de cuivre émaillé & fleurs de Porcelaine.

933 Une fort belle Ecritoire portant ſa Girandole à deux branches, composée avec une Figure de Porcelaine de Saxe, garnie de Bronzes dorés d'or moulu, & fleurs de Porcelaine ; avec un Cachet d'or.

934 Un Lion & une Lionne de Porcelaine de Saxe, couchez ſur des Terraſſes de Bronzes dorés d'or moulu très-bien réparez, & ſervant de plaques à papier.

935 Trois grandes Figures de Porcelaine de Saxe, dont l'une repréſente le Tems, & les deux autres repréſentent chacune un Maçon.

936 Deux Vaſes de Pierre factice, d'une très-belle forme.

937 Deux très-belles Terrines ou Pots à Oille, de forme ronde & de Porcelaine de Saxe, à petites fleurs & ornemens bleus ſur un fond d'or, garnies d'anſes & de plats aſſortiſſans.

*937 Un grand nombre d'autres Morceaux de Porcelaine d'uſage, parmi leſquels il y en a de très-beaux & de ſinguliers.

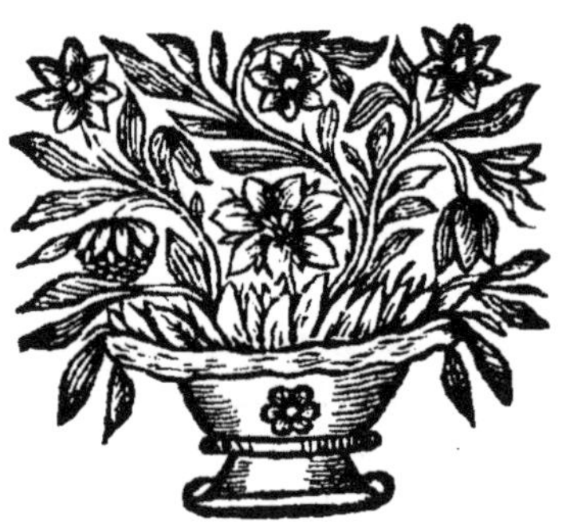

MEUBLES CURIEUX ET BIJOUX.

938 Une belle Pendule à répétition faite par le sieur Audinet, elle donne tout ou rien; sa quadrature, qui porte cinq pouces & demi est établie sur le principe de M. le Roy, elle est portée sur la platine du derriere, & l'exécution en est excellente, ainsi que des autres Piéces. Ce mouvement est renfermé dans un beau Cartel de bronze doré d'or moulu, très-bien réparé: ce Cartel est tiré d'après le même Modele que M. le Sueur a exécuté dans la chambre du Roy: cette Pendule va quinze jours.

939 Trois Tables de Marbre de cinquante-huit pouces ou environ, dont les pieds sont en consoles; ces trois Pieds peuvent passer pour des Chef-d'œuvres de Sculpture, sur-tout, un des trois, qui représente une chasse de Sanglier, avec tous les attributs convenables à la chasse; ils ont été exécutez tous trois par le sieur Pelletier, Sculpteur; les Marbres qui en forment les dessus, répondent à la beauté de la Sculpture.

940 Plusieurs Coffres & Boëtes de Lac, avec quelques autres ouvrages de bois des Indes.

941 Deux Petits-Corps de Bibliotheques de Bois violet & satiné, de quarante pouces de haut sur cinquante de large, garnies de magnifiques Bronzes dorez d'or moulu, très-bien réparez : il y a sur le haut de l'une de ces Bibliotheques une Pendule du sieur Guyon qui va quinze jours; & sur l'autre, un Thermometre, dont la forme répond à celle de la Pen-

dule, & dont les effets sont pareillement marquez par une Eguille. Ces deux Morceaux de conséquence ont été faits par le sieur Cressant, dont la réputation est établie auprès des connoisseurs pour ce genre d'ouvrage.

942 Deux Commodes aussi magnifiques que les deux Piéces précedentes, & qui peuvent leur servir d'assortiment: elles sont de même bois des Indes, & garnies de differentes Figures & ornemens de Bronzes dorés d'or moulu, parfaitement réparés. Les Marbres qui leur servent de dessus, répondent au mérite de cet ouvrage: ces deux belles Piéces sont pareillement de l'exécution du sieur Cressant.

943 Un joli petit Bureau de travail, de Bois satiné, à fleurs de rapport, exécuté d'un goût léger, à quatre pieds-de-Biche, couvert de moroquin, & garni de Bronzes dorés d'or moulu; il est à deux faces, & porte cinquante-quatre pouces de large, sur vingt-neuf de profondeur.

944 Un très-beau Serre-papier de bois violet, sur le haut duquel est placé une magnifique Pendule, garnie d'une Figure & autres ornemens de Bronzes dorés d'or moulu, très-bien réparés: ce Serre-papier est placé sur une Table à pieds-de-Biche.

945 Un très-beau Bureau de travail à quatre pieds à consoles, de six pieds de large sur trois pieds de profondeur, à deux faces, & garni pareillement de Bronzes dorez d'or moulu.

946 Une grande Ecritoire pliante de bois violet propre pour le voyage, garnie d'un Poudrier, d'un Ancrier, d'une Boëte à épon-

ge, d'un Couvercle de Plumacier, & d'un Cachet, le tout en argent.

947 Une jolie petite Pendule à Répétion dans ſa boëte de Bronze doré d'or moulu, & placée ſur une petite conſole de bois très-proprement ſculpté.

Cette Pendule eſt un des Chef-d'œuvres de feu M. de Sully, Auteur renommé pour l'Horlogerie, & dont les ouvrages ſont extrêmement rares; elle eſt à répétion, & donne tout ou rien: ſa conſtruction eſt des plus ſinguliere, ainſi que ſon échapement, qui eſt ſemblable à celui que ce même Auteur a mis en exécution dans une pareille Pendule qu'il propoſa pour pouvoir trouver en mer les longitudes. La quadrature de cette Pendule eſt auſſi de ſon imagination; cette Piéce marque l'heure, les minutes, & les ſecondes; ſon cadran ne porte pas plus de quatre pouces; elle eſt portative, ayant de quoi pouvoir être accrochée ou ſuſpenduë dans une voiture; enfin elle eſt d'une exécution digne de celui dont elle porte le nom: cette Pendule va huit jours ſans être remontée.

948 Une excellente Pendule à ſecondes, faite par le ſieur Magny, renfermée dans une boëte de bois noir, avec Bronzes en couleur; cette Piéce a quelques ſingularités qu'il eſt bon de faire connoître; elle eſt d'une conſtruction la plus ſimple pour ſes effets; ſon objet eſt de marquer l'heure, les minutes & les ſecondes: elle fut imaginée par le ſieur Magny à l'occaſion d'une autre Pendule qui fut préſentée à l'Académie des Sciences, & qui étoit des plus composées, tant dans ſa conſtruc-

tion que dans la multiplicité des rouleaux; Or dans celle-ci, les rouleaux n'y entrent point, ainsi que nombre d'autres Piéces & elle fait cependant, à peu de choses près, le même effet, qui est que son moteur est produit par un très-petit poids, comme dans celle à rouleaux. Pour en donner une simple idée, on sçaura que cette Pendule conserve son mouvement avec deux livres & demi de poids pour moteur, quoique la lentille & sa verge pesent environ huit livres. Cette Piece a encore la singularité d'avertir dans le tems convenable celui qui la possede, du besoin qu'elle a d'être montée, & cela, par le moyen d'une étoile qui paroît alors, & cache l'heure courante, de façon qu'on ne la peut pas voir: cette Etoile se baisse d'elle-même en remontant le poids, & cette petite manœuvre se trouve en état de faire son effet tous les dix jours, ce qui est suffisant pour s'en appercevoir, puisqu'elle peut aller pendant quatorze jours.

Cette imagination est fort industrieuse: il est rare de se souvenir exactement du jour où l'on doit remonter sa Pendule; & comme on y regarde souvent pour s'instruire de l'heure courante, l'avis que l'on reçoit par cette Etoile du besoin qu'elle a d'être remontée, ne laisse pas de débarrasser d'un petit soin inquiétant, auquel on manque fort souvent.

949 Une magnifique Ecritoire à Cuvete, Encrier, Poudrier, & Vase à Eponge, le tout de Cristal de Roche monté sur un pied élevé & à jour, de Bronze doré d'or moulu, avec deux Plumes d'or entées sur bois des Indes.

950 Plusieurs autres Commodes, Tables de marbre, Bureaux de travail, Tables de nuit, Ecrans & autres ustenciles proprement exécutez & d'un bon goût.

951 Une grande Boëte ronde de vernis du sieur Martin à Pagode, à doublure & gorge d'or, avec un cercle en-dedans pour recevoir une Miniature.

952 Une très-belle Canne montée d'une Pomme d'or émaillée, & garnie par le bas d'un cordon de gros Brillans.

953 Un Flacon d'or pesant quatre onces demi gros.

Un fort bel Etuy d'or pesant deux onces.

Un autre Etuy de Piéces, le tout en or, & pesant une once cinq gros.

Un Couteau à lame d'or à manche de corne de Cerf garni d'or, dans un Etuy de chagrin aussi garni en or; & un autre Etuy d'yvoir avec virole d'or.

954 Une Boëte de Nacre, avec differens Sujets gracieux gravez sur les dessus, dessous & bâtes, elle est montée en or & à cage.

955 Une Boëte à bâtes d'or, avec un dessus & un dessous très-bien piquez en or, & dont le bec est garni de dix-huit petits Brillans.

956 Une paire de Tablettes à plaques d'Ecaille, piquées & garnies en or.

957 Un Etuy de Piéces de Jaspe garni en or, & orné d'un petit Brillant qui sert de bouton, avec un joli Cachet & une Cassolette.

958 Une grande Boëte d'or ronde, & vernie par le sieur Martin.

959 Une très-grande Boëte d'or montée à Cage,

& composée de divers Morceaux d'Agathe orientale & de Lapis, disposez en differens compartimens.

960 Une magnifique Boëte d'Ecaille coulée en or, portant des bâtes d'or émaillées en Mosaique, ainsi que sa gorge, & ornée en-dedans d'une jolie Miniature.

961 Une très-belle Boëte d'ancien Lac surdoré, montée en or, à Cage, & émaillée.

962 Une autre grande Boëte d'or en forme de Tombeau émaillée en Mosaïque, & portant en-dedans un cercle pour recevoir une Miniature.

963 Une très-belle Boëte d'or pour homme à deux Tabacs, d'une très-belle forme & parfaitement bien gravée : elle pese neuf onces cinq gros & demi.

964 Une fort belle Boëte d'or ovale guillochée, & pesant sept onces cinq gros & demi.

965 Une autre très-belle Boëte d'or émaillée en bleu & à contours, avec une jolie Miniature en-dedans.

966 Plusieurs autres Boëtes, tant d'Ecaille que de Lac, & autres Bijoux.

On avertira par des Affiches particulieres du jour que l'on choisira pour la vente des Diamans, dont on n'a point fait mention dans ce Catalogue.

AVIS.

COMME il n'est pas possible que ces sortes de Catalogues, toujours limitez pour des tems fixes ausquels on est obligé de s'assujettir, puissent s'imprimer sans fautes, on prie les Lecteurs d'avoir quelque indulgence pour de certaines négligences ou fautes d'impression que la brieveté du tems occasionne, malgré toutes les attentions que l'on a pour tâcher de les éviter. Ils voudront bien avoir recours à l'Errata placé ci-après, & que l'on a tâché de rendre aussi exact qu'il a été possible. On les prie aussi de vouloir bien excuser les fautes que l'on pourroit avoir oublié, attendu qu'elles ne peuvent être que legeres & peu sujettes à contresens.

ERRATA.

Page 1. *ligne* 3. conservées, *lisez* conservés. *Ibidem l.* 9. en, *lis.* &. *p.* 5. *l.* 26. de Toile, *lis.* de Tôle. *p.* 11. *l.* 11. pour les placer, *lis.* pour placer les drogues. *ibid. à la derniere l.* dans lequel, *lis.* dans lesquelles. *p.* 22. *l.* 4. sur un manche, *lis.* sur des manches, *ibid. l.* 6. à filet & moulure, *lis.* à filets & moulures. *p.* 46. *l.* 32. deux gros Poisson, *lis.* deux gros

Poiſſons. *p.* 51. *à la ſeptieme l. de la premiere Note*, corne d'Ammon, *liſ.* cornes d'Ammon. *p.* 55. *l.* 15. & 16. ſelon qu'ils ſe trouvent énoncez, *liſ.* ſelon qu'elles ſe trouvent énoncées. *p.* 62. *l. premiere*, leſquels, *liſ.* leſquelles. *p.* 86. *l.* 9. qu'aucunes, *liſ.* qu'aucune. *ibid. l.* 11. ainſi que celles, *liſ.* ainſi que celle. *p.* 89. *l.* 30. chaque côtés, *liſ.* chaque côté. *p.* 105. *l.* 10. ce Morceau, *liſ.* cette Machine. *p.* 116. *l.* 8. *de la premiere Note*, les objets, *liſ.* le même objet. *p.* 118. *l. premiere*, poine, *liſ.* point. *ibid. l.* 44. le gout naturel, &c. *liſ. ainſi qu'il eſt marqué ci-après, juſques à ces mots de la premiere l. de la page ſuivante.* Il ignoroit, &c. Le gout naturel que ce celebre Artiſte a eu dès ſa plus tendre jeuneſſe pour l'Aſtronomie, le détermina à faire lui-même un Teleſcope, pour ſon uſage particulier, dès l'année 1729. ne trouvant point alors d'Inſtrumens convenables pour ſes opérations. Il ignoroit, &c.

www.ingramcontent.com/pod-product-compliance
Ingram Content Group UK Ltd.
Pitfield, Milton Keynes, MK11 3LW, UK
UKHW021130260726
13994UKWH00001B/87